REGRESA A TI

Virginia Blanes

Regresa a ti

El libro del Amor

Primera edición: mayo de 2019
Primera reimpresión: diciembre de 2019

Título: *Regresa a Ti: El libro del Amor*

Diseño de cubierta: Rafael Soria

© 2019, Virginia Blanes Aragón
Publicado por acuerdo con la autora

De la presente edición en castellano:
© Gaia Ediciones, 2019
    Alquimia, 6 - 28933 Móstoles (Madrid) - España
    Tels.: 91 614 53 46 - 91 614 58 49
    www.alfaomega.es - E-mail: alfaomega@alfaomega.es

Depósito legal: M. 13.255-2019
I.S.B.N.: 978-84-8445-812-8

Impreso en España por: Artes Gráficas COFÁS, S.A. - Móstoles (Madrid)

Que tu vida tenga sentido
y que el sentido de tu vida
esté lleno de sonrisas y Amor.

ÍNDICE

A ti, que has caído herido y, a pesar del dolor,
has elegido seguir creyendo en el Amor.
Y a ti, que has rescatado a tu corazón de las tinieblas
del abandono y te has atrevido a ser quien has nacido para ser.

A los que a través de su ejemplo y de su sufrimiento
me mostraron todo lo que puede enajenar una esencia preciosa.
A los que han apostado por la fe y, a su manera,
me recuerdan que nunca nos alejamos del Uno.
Y a esos que caminan a veces un paso por delante de mí,
a veces un paso por detrás, pero, estén donde estén,
laten a mi lado, mostrándome que los milagros existen
y que el compromiso ha merecido la pena.

A la vida, aunque a veces, para nosotros,
los humanos, sea difícil de entender.
A la magia que se manifiesta a pesar
de los límites de nuestra mente.
Y, por supuesto, siempre y para siempre, al Amor.

PRÓLOGO

Cuentan que hace tanto tiempo, que hasta el tiempo lo ha olvidado, existía un Ser tan grande, hermoso y completo que todo era en él y desde él, y de nada carecía.

En aquel Ser que nosotros ahora habríamos calificado como Dios, coexistían de forma pacífica la luz y la oscuridad. En su centro se abrazaban los opuestos sin llegar nunca a alejarse, y en ese mismo centro se desplegaba en danza la energía más pura que jamás existiría, con sus múltiples rostros femeninos y masculinos. Ese Ser de brillos cálidos que aquí llamaremos Elohim, o Uno, consciente de sí mismo y del todo y de la nada, decidió emprender un juego en el que se atrevería a esconderse para buscarse y, al encontrarse, disfrutaría del reencuentro, que le recordaría que, en realidad, nunca había estado perdido. Así, hace mucho, muchísimo tiempo, el Uno creó un juego de espejos, de cerca y lejos, de laberintos que concluían en ese centro que jamás se disgregó.

Desde entonces, como fractales de Él/Ella, navegamos los espacios y los tiempos en busca de nosotros mismos, de esa partícula sagrada que nos devuelva la consciencia de nuestro centro, de ese Santo Grial que reinstaure nuestra naturaleza divina y nos permita disfrutarnos y abrazar la vida y sus maravillas sin ningún pudor.

Para ello deberemos, como cualquier héroe, descubrir y desarrollar nuestros recursos, renunciar a la comodidad de una existencia vulgar en la que nos abandonamos a nosotros mismos, transitar por parajes a veces sombríos y enfrentarnos a aparentes monstruos que no serán más que disfraces proyectados de los tesoros que nos aguardan.

Cuentan que desde entonces ese Uno, que somos tú y yo, sostiene nuestros tropiezos y celebra nuestros avances, mientras siembra de pistas los escenarios individuales, a la espera de que cada peregrino despistado encuentre el camino de retorno al Hogar.

Aunque cuando comencé a escribir este libro lo desconocía, mi inconsciente me estaba empujando a realizar un homenaje a ese Uno que espera ser reencontrado en cada corazón individual. Sin saberlo había comenzado la creación de un hálito que me iba a acercar más a mí y que espero te sirva en tu camino de regreso a ti. Mientras llenaba estas páginas me iba llenando más y más de esa energía con la que me comprometí hace tanto: el Amor. Y después de tantos años hablando de ella, unas veces con mayúsculas y otras con minúsculas, después de tantas búsquedas, tantos desencuentros y también tantos encuentros, después de tanto empeño en llenar cada uno de mis instantes sin que se me escapara entre los dedos, he tomado conciencia, a nivel profundo, de su grandeza, de su belleza y de su omnipresencia.

Los pasos que han conformado este tramo de mi camino personal han sido hermosos, porque me han permitido navegar acompañada de esa memoria sagrada que todos portamos, aunque en algunos casos aún esté adormecida en el inconsciente. Y esa memoria se ha ido derramando página a página, párrafo a párrafo, describiendo un mapa que nos puede ayudar a dar ese gran salto que nos recuerde que jamás fuimos expulsados del cielo que extrañamos.

Nuestro motor, a pesar de los convencionalismos y del empeño estanco del inconsciente colectivo, nuestra razón de ser, nuestro único anhelo real, es el Amor: amar y ser amados; todo lo demás es aderezo y entretenimiento. Porque, tengamos lo que tengamos, logremos lo que logremos y seamos quienes seamos, nos sentiremos vacíos y desubicados si no amamos. Porque no hay mayor sinsentido ni mayor pena que la de vivir una vida sin Amor.

Escribir este libro me ha resultado tan hermoso y enriquecedor que me he resistido a darlo por terminado. Sé que en una obra que habla de algo tan grande cabrían muchas más páginas, pero me negaba a escribir más. Al contrario; releía y releía lo escrito y quitaba capítulos enteros, porque hay rostros que cada cual debe descubrir por sí mismo, manifestaciones del Amor que pierden el brillo cuando se las encierra en algo tan pequeño como unas páginas.

Por otra parte, a medida que repasaba el texto desde el principio, me daba cuenta de que aún me quedaban pasos por dar antes de poder sentir que el libro estaba concluido. Que lo tengas ahora en tus manos no quiere decir que mi camino ya haya terminado; solo he consumado una etapa, y en verdad la he podido culminar gracias a este libro. Pronto descubriré cuál es la siguiente, y lo haré sin prisa y sin expectativas, procurando dar los pasos que correspondan desde mi corazón.

Desconozco en qué punto estás de tu travesía; sea cual sea, me encantaría que lo que aquí ofrezco te sirva para aderezar de luz y ternura tu momento presente y lo que aún tengas que descubrir y experimentar. Por eso me permito hablarte de esta obra. No diré que es un libro sencillo, ni diré lo contrario (no es un libro complejo); es sencillamente un libro infinito. Cada párrafo se te cuela en el inconsciente, abriendo tus propias puertas y ventanas para que emerja tu auténtica luz. Por supuesto, puede alterar tu ego al remover los cimientos sobre los que has construido muros que te impiden regresar a ti; por eso te invito a que lo leas tres veces. Y te recomiendo que lo leas despacio y con atención plena; es mejor que te detengas cuando te des cuenta de que tu atención se ha dispersado. Es preferible que tengas que releer un párrafo a que te metas las palabras en vena hasta generarte una diarrea o un cortocircuito cerebral.

Por otra parte, como nunca he pensado que mi labor consistiera en adoctrinar y siempre he estado convencida de lo saludable que es la autosuficiencia y la libertad a la que se llega cuando uno encuentra sus propias respuestas, he introducido en cada apartado unas cuantas preguntas «regalo» para que te pares a reflexionar y así te acerques un poco más a ti. Te aseguro que una sola pregunta, contestada con consciencia y honestidad, puede transformar por completo las bases de tu vida y, por tanto, todo lo demás. Pero para hallar tus propias respuestas tendrás que apartar cualquier resto de soberbia, deshonestidad e impaciencia y tener el coraje de navegar (contigo) en busca de tu auténtica verdad, esa que aumenta tu consciencia y, por tanto, tu Amor.

Con el fin de facilitar el paseo por estas páginas, he añadido un pequeño resumen al final de cada capítulo, junto a un apartado muy especial: «Alquimia». Aunque lo hayamos olvidado, todos somos alquimistas. El arte de la alquimia consiste en la transmutación; en la conversión de aquello que parece inútil y oscuro en algo útil y brillante; en la metamorfosis de la esclavitud en libertad, del miedo en Amor. Y lograr esa transmutación depende de nuestra elección y de nuestro compromiso con esa decisión.

Desde el Amor, por el Amor y para el Amor, yo he hecho mi parte. Ahora, desde el Amor, por el Amor y para el Amor, te toca a ti hacer la tuya. Sin duda eres capaz y merecedor; solo depende de tu compromiso contigo mismo el partido que saques a estas páginas.

Te deseo un buen viaje en el regreso a tu esencia, que, en última instancia, es la mía, es el Uno primordial.

Capítulo 1

Comprender el Amor

El Amor es la aceptación de todas las partes que nos forman y forman a los demás.

Es probable que lo que expongo aquí, en este primer capítulo, sea la clave, la pieza fundamental que, una vez recordada, nos aleje de los anhelos y nos permita descansar, conscientes de que, más que retornar al Hogar, debemos celebrar que nunca nos alejamos de él.

Por eso te invito a que silencies tu mente y cierres los archivos donde has almacenado *no verdades*. Te invito a que olvides tus supuestas necesidades emocionales, tus expectativas y tu razón, y te sumerjas en el descubrimiento de lo olvidado, de lo comúnmente ignorado… Permite que estas palabras te ayuden a reinstaurar la memoria de lo sagrado; permite que te acompañen en el sendero de regreso a ti.

El Amor no es un tesoro perdido ni una meta que solo unos pocos pueden alcanzar. El Amor es la energía que da forma a todo lo que existe, sea visible para el ojo humano o no. Es esa fuerza indescriptible que mantiene intacta la unidad tras la apariencia de dualidad. Es la melodía y la danza en la que yin y yang, luz y oscuridad, juegan a buscarse y a encontrarse hasta abrazarse de nuevo en el Uno del que nunca salieron. El Amor es el principio y el fin, el orden y el caos. El Amor es todo, y cualquier cosa que parezca no ser Amor o no estar bajo su auspicio no es más que una proyección distorsionada desde una mentalidad enferma y temerosa.

Pero si esto es así, ¿cómo es que hay tanta gente vibrando en desamor? Si todo y todos somos Amor, ¿por qué nos resulta tan difícil amarnos y dejarnos amar? ¿Por qué cuando miramos a nuestro alrededor encontramos tanto sufrimiento y terror?

Desconozco cuál fue el instante en que olvidamos que la vida era un juego y comenzamos a dramatizar nuestra existencia. El momento en que obviamos nuestra auténtica esencia y nos polarizamos en una minúscula parte de nosotros mismos, ignorando, juzgando e incluso renegando del resto de nuestro ser. Aunque lo importante no es descubrir ese cuándo, ni siquiera es saber por qué o para qué sucedió lo que sucedió. Lo primordial es recordar que esta apariencia de separación, que tanto sufrimiento genera, puede concluir ahora. Reconocer que solo necesitamos aprender a mirar de una nueva forma, o de la manera más antigua, para despertar y poder ver que la pesadilla solo fue una pesadilla, y ya terminó.

Es cierto que al nacer somos contaminados por un cúmulo de creencias tóxicas. Algunas nos son inoculadas por el desconocimiento de nuestros padres y otras nos enredan desde el inconsciente colectivo. Esas contaminaciones nos adormecen mientras desdibujan nuestro origen entre nieblas. Si bien es nuestra responsabilidad desintoxicarnos de estos contagios y podemos ir haciéndolo poco a poco, creencia a creencia, no lograremos sanarnos hasta que no lleguemos a la creencia que da origen a todas las demás: la dualidad que (aparentemente) enfrenta a las fuerzas del bien contra las fuerzas del mal.

En el mundo de la manifestación vivimos cautivos de la dualidad o de su apariencia, y para volver al Amor tenemos que estar dispuestos a renunciar a nuestros prejuicios mentales, a mirar desde nuestro corazón. A olvidar todo lo que creemos que sabemos, lo que creemos que hemos visto, y comenzar a mirar con los ojos de la inocencia, que no concibe ni el bien ni el mal. Sí, tenemos que estar dispuestos a dejar de calificar, juzgar y encasillar. Tenemos que elegir no necesitar llevar la razón y soltar argumentos y justificaciones que alimentan las creencias que han estado dibujando nuestra minúscula realidad para *lanzarnos hacia dentro y hacia arriba*, a la gran realidad. Porque si no nos soltamos, si no nos rendimos y nos empeñamos en catalogar cada cosa que percibimos, deseamos, detestamos o experimentamos, nos alejamos de multitud de partes de nosotros y, por lo tanto, del Amor.

Aunque tengamos «razones de peso» para sufrir, odiar, temer o desear, mientras mantengamos vigente la creencia que nos hace preferir «lo bueno» y desdeñar «lo malo», no podremos reinstaurar el Amor en nosotros, por nosotros.

Comprendo, como tú, que, con las noticias que leemos y oímos a diario y las cosas que están pasando en el mundo, es complicado aceptar que no existe el mal. Como también entiendo que llegamos a la edad adulta con un ego tan mal educado que necesita identificarse con lo que considera bueno para sentirse especial o, cuando menos, a salvo. Pero esta comprensión no es más que la gran excusa que mantiene viva esa manifestación loca de la maldad. Juzgándola y temiéndola, luchando contra ella, no vamos a transformarla, ni mucho menos le vamos a dar la oportunidad de retornar a su forma original que es la misma que la nuestra. Al contrario, cuanto más juzguemos, cuanto más luchemos y más nos resistamos a aceptar cualquier forma de vida, o de expresión de la vida, con más ahínco se manifestará en nuestras circunstancias eso de lo que huimos, a la espera de nuestra compasión, nuestra rendición y, por ende, de la activación del Amor.

Imagina que eres un guionista. Lo sencillo en este ejemplo es inventar una historia en la que hay buenos y malos en bandos opuestos. Lo más complejo es definir por qué los buenos son buenos y los malos son malos, ya que los conceptos de bien y mal varían en cada religión, sociedad e incluso en cada persona. Pero lo más interesante es que, para rodar la película con ese guion, tendrás que elegir a los actores, y ellos tendrán que actuar como si fueran buenos o malos, lo cual no los convierte en buenos o en malos, por muy creíble que sea su interpretación.

Esto es exactamente lo que nuestras mentes, dormidas y viciadas, hacen con la película de nuestra vida. Inventamos personajes que puedan representar todo «lo bueno y lo malo» que hay en nosotros, aumentando (de forma distorsionada) la polarización que nos hizo olvidar que la dualidad solo es una ilusión.

Creamos peligros y elegimos enemigos que justifican nuestro sufrimiento y nuestro miedo; avivamos así cualidades que generan desencuentros internos con nuestra esencia y fragmentan nuestro corazón y, por tanto, nuestra capacidad de Amar.

Lo peor no es lo que hacemos, lo peor es que al hacerlo olvidamos la Verdad. Lo peor es que tomamos como cierta y como única esa realidad mermada que hemos manifestado a través de la trampa de nuestras propias creencias. Y así llegamos a nuestro momento actual, enfermos de una amnesia antigua que nos hace pensar que necesitamos ser salvados de un guion que nosotros mismos hemos escrito.

Ten en cuenta que el guionista no puede imaginar nada que no exista dentro de sí. Esto implica que tanto los buenos como los malos de su película no son más que representaciones de partes de sí mismo que le resulta sencillo proyectar fuera pero incómodo aceptar dentro.

Esta es la raíz del desamor que padecemos: el enjuiciamiento y la falta de aceptación de partes de nosotros mismos. Cada uno de nosotros somos Todo y cuando caemos en la creencia madre de todas las creencias tóxicas, la dualidad que enfrenta a las fuerzas del bien contra las del mal, nos alejamos de nosotros mismos; juzgamos y tememos las partes que desdeñamos, escondiéndolas en nuestra sombra, y proyectándolas en otros actores que, aparentemente, no somos nosotros.

Podemos concluir que el Amor es la aceptación de todas las partes que nos forman y forman a los demás, y el desamor es la resistencia, el juicio y el temor que algunas o muchas de esas partes despiertan en cada cual.

No importa con qué disfracemos esa aparente dualidad; da igual si hablamos de buenos y malos, de hombres y mujeres, de creyentes y ateos o de luz y oscuridad. Cada vez que creemos que la realidad está conformada por opuestos, nos polarizamos en uno u otro bando porque inconscientemente sabemos que estamos formados por ambas energías, y entonces esperamos la confrontación del bando contrario, con todo lo que ese tipo de enfrentamientos conlleva.

El amor implica paz, verdad, libertad y aceptación. Y todo esto no se puede dar mientras mantengamos la energía de oposición que se genera cada vez que pensamos (y juzgamos) de forma dual. La paz es inviable mientras nos aferremos a la lucha, y sin paz no podremos reinstaurar el Amor.

Mientras no aceptes que todo está en ti, que todo lo que percibes fuera no es más que un reflejo de una parte tuya, mientras no recuerdes que eres Todo y que así debe ser, no podrás descansar en el Amor, ni podrás amar, ni tampoco dejarás que te amen. Pues si no aceptas esta realidad en ti, no creerás que nadie más pueda aceptarla y, por tanto, aceptarte. Ni tampoco podrás aceptar a los demás; solo elegirás aquello que encaje en tus estanterías de lo bueno y desestimarás todo demás.

REFLEXIONA

- Imagina que no temieras ser rechazado, juzgado o castigado: ¿cómo serías?, ¿qué harías?, ¿cómo te comportarías? Imagina, igualmente, que no pretendes ni anhelas ser premiado: ¿cómo serías?, ¿qué harías?, ¿cómo te comportarías?

- Olvida por un momento todas tus creencias y tus experiencias pasadas y haz como si no existiera el mal. Haz como si no tuvieras que protegerte de nada ni de nadie porque no existen ni los malos ni los enemigos.

El dudoso rostro del mal

*En ocasiones necesitamos
atravesar el oscuro infierno
para descubrir la luz.*

Consideremos por un momento que la oscuridad y el mal que de ella se deriva fueran solo una creación necesaria para que recordemos nuestra naturaleza, para que accedamos a nuestra luz. Pensemos que, como en el caso de tantos superhéroes que inician sus andaduras algo despistados, precisamos la figura de los villanos para empujarnos no solo al descubrimiento de nuestros potenciales, sino a la adquisición de un compromiso con nosotros mismos; un compromiso que determine nuestra forma de vida. Es más, recapacitemos sobre el hecho de que en esta tercera dimensión la luz existe gracias a la existencia previa de la oscuridad; sin la oscuridad no podríamos ser conscientes de la luz. Ignoremos por un momento la parte taxativa y enajenada de nuestra mente que cataloga todo según su propia conveniencia y démonos la oportunidad de reconocer que, incluso en el supuesto de la existencia del mal como tal, también esa energía surgió del Uno. Esta última reflexión puede dar al traste con nuestro sistema de creencias, sobre todo si se fundamenta en temas religiosos occidentales. Mas mi intención no es esta; prefiero que hagamos uso de nuestro sentido común y de una honestidad descarnada para revisar todo aquello que juzgamos como malo en nuestra vida.

Si te sumas a mi invitación podrás darte cuenta de que calificamos de «malo» todo aquello que tememos y también todo aquello que daña a nuestro ego y, por consiguiente, genera un perjuicio en nuestro campo emocional. Lo curioso es que la mayoría de las veces catalogamos de dañino aquello que, sin llegar a serlo, nos incomoda o da al traste con nuestros deseos. Lo interesante es darse cuenta, por un lado, de que eso que estás juzgando se convierte en malo por los colores con los que tú lo tiñes. Seguro que si no te tomas un momento para mirar desde el papel del observador que no tiene nada que ganar ni nada que perder y solo percibes desde tu ego, encontrarás un gran número de argumentos que demuestren que tienes razón y dejen claro que eso que te incomoda, te irrita o te abre una herida antigua es malo y punto. Si, por el contrario, te mantienes en el papel de observador capaz de mirar como si ese hecho no tuviese que ver contigo ni con tu cuerpo emocional, podrás darte cuenta de algo aún más interesante: mientras estás juzgando ese hecho lo estás alimentando. Y, como cualquier ser vivo (la energía está viva), cuanto más lo alimentas más crece; cuanta más energía le entregas y cuanto más te resistes a descubrir la auténtica naturaleza del hecho en sí, más probabilidades tienes de que se repita en todas las formas posibles, siempre a la espera de tu comprensión, de tu compasión y, cómo no, de tu Amor.

Veámoslo de forma más concisa: todo aquello que te toque el ego o impida el cumplimiento de sus caprichos será catalogado de «malo» por ese mismo ego. Y mientras esa parte «mal educada» de ti se entretiene en argumentar sus razones y en desacreditar al otro, a Dios o a la vida por no amoldarse a sus caprichos y necesidades, te perderás las oportunidades y los regalos que esos hechos tienen para ti.

Muchas veces, probablemente por nuestra tozudez, las mayores bendiciones nos llegan disfrazadas. Solo requeriremos de la mirada limpia de nuestro corazón para no enterrar esas bendiciones bajo mantos de juicios y prejuicios hasta desintegrarlas. Deberíamos tomar conciencia de que aquello de lo que renegamos desde una soberbia que en nada se asemeja al amor se irá haciendo más grande y estará cada vez más presente, esperando que tomemos el regalo y nos demos la oportunidad que merecemos para alumbrar nuestra propia oscuridad, en lugar de juzgarla e intentar aniquilarla.

Continuemos haciendo uso del sentido común y la honestidad para desgranar esas manifestaciones que catalogamos como mal.

Otro de los posicionamientos internos más comunes desde los que clasificamos «lo malo» es el narcisismo, que nos hace proyectar en el de enfrente todo aquello que nos negamos a asumir como propio, todo lo que encerramos y escondemos en nuestra sombra.

Acumulamos, desde el *patrón de perfección* que hemos aprendido y heredado de nuestro padres y demás referentes, un montón de actitudes que nos han dicho que son juzgables o deleznables. Buscando ser queridos y no rechazados, nos hemos convencido de que nunca llevaríamos a cabo esos comportamientos, aunque los estemos manifestando de forma encubierta constantemente. Verlos o intuirlos en otra persona nos confronta con lo que no queremos ver de nosotros. Y, aferrados a nuestra imagen (que no a nuestra esencia), preferimos señalar a autoindagar, sin darnos cuenta de que todo lo que vemos no es más que un reflejo nuestro. Entonces, si quieres comenzar a conocerte desde un nuevo punto de vista, más auténtico, presta atención a cómo niegas o contienes todo lo que criticas en los demás; no te va a resultar cómodo, pero sí sanador.

No me voy a detener en argumentar frente a las justificaciones y razones de tu ego, ya que, mientras el ego se mantiene a la defensiva, dar explicaciones, por muy certeras que sean, no sirve de nada. Pero sí voy a dedicar unas palabras a esos comportamientos que la mayoría de los humanos tachan de espantosos, como, por ejemplo, las violaciones o los asesinatos. Tal como he explicado ya, es cierto que a día de hoy, en nuestro planeta, estamos manifestando demasiadas atrocidades. Mi estrategia no es obviar lo evidente, sino contemplarlo con una mirada no contaminada por el peso emocional, con una mirada consciente que me recuerda que siempre, por mucho que crea conocer, me van a faltar datos, lo que me impide comportarme como juez y, menos aún, como verdugo. Y sobre todo con una mirada amorosa, que me permite descubrir el dolor atroz que queda escondido tras la manifestación de tanta oscuridad.

¿Te has planteado alguna vez en qué situación serías capaz de matar? La respuesta honesta variará en cada caso, pero jamás será «nunca». Como suelo decir: «que nunca tengamos que llegar a descubrir de lo que somos capaces». Por muy pacíficos que seamos, bajo determinadas presiones o en determinadas circunstancias más o menos extremas, todos seríamos capaces de hacer cosas impensables.

Imagina ahora las circunstancias extremas que han podido marcar a «los culpables» de los crímenes que juzgamos. Imagina el nivel de desamor y de miedo que tienen que sufrir esas personas para manifestar esas monstruosidades. Y ahora reflexiona sobre lo que hacemos los demás enviándoles nuestras energías mentales, verbales y emocionales, todas ellas cargadas de más desamor.

¿Crees que si una persona, en el momento en que va a disparar a otra, sintiera Amor en lugar de miedo o de odio, sería capaz de apretar el gatillo? Yo estoy convencida de que no. Pero la inercia nos lleva a situarnos por encima de esos «seres horribles». Vivimos una falsa moral que nos empodera en la soberbia, alejándonos, tanto como a los que son diana de nuestros juicios, del Amor sin que nos interese darnos cuenta de la realidad. ¿En serio crees que podemos juzgar, por ejemplo, a un violador que fue fruto de una violación y, además, fue violado en su niñez? Aunque desde nuestro mapa resulte incomprensible, ese violador quizá esté buscando amor de la única forma en que le han enseñado… Probablemente si hubiera sido amado (de verdad), no se habría convertido en un violador.

Incluso pensando en todas esas personas tan malitas que disfrutan con la crueldad, sigo convencida de que sus comportamientos no son más que manifestaciones de la oscuridad que juzgamos y de la que renegamos. Y estoy absolutamente segura de que el día en que alcancemos un número mínimo de seres humanos que vibremos en divinidad, y por tanto en aceptación y Amor, el mal se desintegrará. Depende de nosotros y del compromiso que contraigamos con nuestra auténtica esencia. Y como en todo lo demás, será más sencillo que comencemos con lo pequeño, con lo que nos toca de cerca, con lo que nuestro ego nos muestra cada día, recordándonos dónde tenemos cerradas las puertas al Amor.

REFLEXIONA

- ¿Crees que hay gente mala o solo personas que se han perdido en su desesperación?

ANTES DE TERMINAR

RECUERDA

- El Amor es la aceptación de todas las partes que nos forman y forman a los demás.

- El Amor es todo, y cualquier cosa que parezca no ser Amor o no estar bajo su auspicio no es más que una proyección distorsionada de una mentalidad enferma y temerosa.

- Para reinstaurar el Amor debes rendirte, abandonar para siempre la lucha y las creencias que mantienen viva la guerra entre opuestos. Para Amar debes dejar de juzgar.

- La raíz del desamor es el enjuiciamiento y la falta de aceptación de partes de nosotros mismos, que terminan llenándonos de temor.

- Para Amarte debes dejar de juzgarte. Tú eres todo, y solo cuando te descubras y te aceptes en tu completitud te sentirás digno de tu propio amor y del amor de los demás.

- Para Amar debes dejar de vivir como la víctima de las circunstancias, de las acciones de las personas que te rodean o de las energías. Es imperativo asumir la propia responsabilidad para acercarse al Amor.

- Cualquier manifestación del mal no es más que una muestra de dolor no atendido y de inconsciencia.

ALQUIMIA

Llega cuando retornamos al centro desde el que podemos reconocernos y reconocer todo lo que existe como un reflejo del Uno.

Desde ese eje primordial en el que desaparecen el blanco y el negro, dejamos de confrontar y de ser confrontados, dejamos de buscar ser premiados y dejamos de temer ser castigados o abandonados, y así, sencillamente, nos atrevemos a Ser.

Capítulo 2

Necesitamos Amar

*¿Y si nunca nos hubieran
contaminado de desamor?
¿Y si no nos hubiéramos olvidado
de nosotros mismos?*

*Al Amar contemplamos desde el corazón
y recuperamos esa mirada limpia e inocente
que nos libera y nos permite dejar de juzgar.*

El Amor es el estímulo más profundo y poderoso de nuestra existencia. Todo lo que hacemos y todo lo que somos está, de forma sana o insana, promovido por nuestra necesidad fundamental de amar y de ser amados. Nacemos y vivimos, aun sin saberlo, desde el Amor, por el Amor y para el Amor. Sin embargo, tras siglos de descuidos y engrandecimiento de la ignorancia, lo trascendental parece haberse relegado al olvido, hasta convertirse en una gran excusa para la queja, para la ansiedad, para la mendicidad emocional y para la frustración. Después de tiempos aciagos en los que la humanidad parece haberse empeñado en alejarse de su centro primordial, después de siglos de chantajes emocionales y de sembrar imposibilidades en lo que al amor se refiere, llegamos a un presente en el que tenemos que rescatar ese amor de entre todos los venenos que nos han mantenido, de una u otra forma, enajenados y alejados de él.

Se han venido sucediendo demasiadas generaciones de personas adormecidas que, en su mayoría, se han conformado con sucedáneos que solo mitigan de forma torpe y temporal su añoranza. Generaciones desenfocadas que lo han confundido con logros intrascendentales, con distintos tipos de empoderamiento, con seguridades materiales y mentales, con pactos de conformismo... Pero a pesar de nuestros tropiezos, de nuestra tendencia a distraernos obviando lo importante, a pesar de la tremenda red de miedo que se ha implantado en nuestra sociedad, el Amor sigue siendo nuestro motor de vida, nuestro propósito primero y último, nuestro centro gravitacional y nuestra razón de existir. Es nuestra responsabilidad desintoxicar nuestra mente, nuestras emociones y, sobre todo, nuestro inconsciente, para sanar nuestro corazón y reinstaurar la soberanía de nuestra esencia divina.

El Amor es aquello de lo que todos hablamos, lo que buscamos y lo que evocamos aunque aparentemente no lo hayamos conocido. Aquello que tantos hemos intentado explicar sin comprender que las palabras lo limitan hasta convertirlo en otra cosa, en algo diferente, más pequeño y manejable. El Amor es el objetivo y debería ser también el camino hasta alcanzarlo... o hasta recordar que siempre hemos permanecido en él, mientras él habitaba en nosotros.

Llevo muchos años hablando del Amor con mayúsculas y del amor con minúsculas. También hablo de su opuesto, el miedo; de las relaciones, del enamoramiento, de la soledad, del merecimiento y de la falta de él. Hablo de todas esas cosas que, disgregadas y a menudo confrontadas, parecen diferentes, aunque en el fondo son lo mismo con distintas apariencias. De todos esos rostros con los que el Amor se nos muestra de forma múltiple y a veces esquiva, e incluso dolorosa. Y cuanto más hablo de todo lo que este supone, más y más convencida estoy de que, escondido tras traumas, heridas y amnesias, habita un insano adiestramiento heredado generación tras generación que, como una pesada carga o un sádico castigo, nos «obliga» a olvidarnos de que si no sentimos de forma profunda y consciente el Amor hacia nosotros mismos no podremos alcanzar el anhelado tesoro del Amor real. Mientras no recordemos de forma consciente que merecemos amarnos, gastaremos nuestro tiempo y nuestra energía en mendigar sustitutos que en ningún caso nos aportarán paz o plenitud.

Nos contagiamos de ese veneno del mal entendido sacrificio y nos vemos impulsados al olvido de nosotros mismos, a la desconexión y el desconocimiento desde el que nuestro ego maneja grandes personajes plenos de complejos y carencias, y ello nos impide descubrir nuestra belleza, enterrando nuestro merecimiento y también nuestra dignidad. La buena noticia es que, aunque esta haya sido la dinámica establecida durante los últimos tiempos en la mayor parte de nuestro planeta, existen opciones diferentes, sanas y liberadoras frente al absurdo peaje que hemos venido pagando para salvaguardar la pertenencia al clan de los humanos perdidos, durmientes, sufrientes. El Amor se ha mantenido indeleble en el centro de nuestro pecho, esperando paciente que volviéramos nuestra mirada hacia nosotros mismos, hacia nuestra esencia cardinal, desde la que podemos recuperar el regalo celestial en el que las sombras son desveladas bajo la cálida luz del Uno.

Estamos a tiempo. Somos capaces de sacudirnos el conglomerado de siglos de enfoque inadecuado hasta redescubrir, bajo todas esas capas de noes, incoherencias y falta de permisos, lo único fundamental: el Amor.

He comenzado diciendo que todo lo que hacemos y todo lo que somos nace de nuestra necesidad fundamental de amar. Una existencia vacía e inútil es aquella que ha transcurrido con las puertas y las ventanas cerradas al Amor. Cuando anulamos el factor Amor de la ecuación de nuestras vidas, lo demás puede cargarse de importancia, pero en ningún caso de sentido. Y no imagino nada más pesaroso que un largo laberinto donde cada paso es una sucesión de importantes sinsentidos. A pesar de las heridas que hayan trabado la inocencia de nuestro corazón, y de los contaminantes y las *lealtades ciegas* que nos hayan hecho temer la vulnerabilidad que va unida al Amor, todos nosotros necesitamos Amar. Da igual si lo sabemos o no; da igual si buscamos ese amor de forma coherente o de manera absurda, dañina y contraproducente: todos los seres humanos estamos aquí para reinstaurar el Amor en nosotros, y para lograrlo necesitamos amar.

Necesitamos amar porque al amar, al permitir que esa energía preciosa nos inunde y se expanda, al mirar a otros con los ojos del Amor, podemos recordar y podemos sentir que, independientemente del papel que nos esté tocando desempeñar y de las heridas que no estemos sabiendo sanar, somos preciosos y dignos. Necesitamos amar, porque al permitirnos contemplar desde el corazón, comprendemos todo lo que no es comprensible desde la razón y dejamos de juzgar. Y necesitamos Amar porque, cuando no lo hacemos, la magia de la vida pasa desapercibida ante nosotros mientras nos arrastramos vencidos por el esfuerzo que supone cualquier intento de sobrevivir sin amor.

REFLEXIONA

Detente a pensar en todas las cosas que has hecho o has dejado de hacer para tener amor. Puede que muchas hayan sido desacertadas, pero solo conociendo tus comportamientos y tus motores podrás transformarlos. Sea cual sea el motor de tu vida, lo que esconde es la búsqueda del Amor.

Necesitamos amarnos

Puede que a veces te parezca
que no eres todo lo que necesitas,
pero siempre serás todo lo que tengas.

Si bien una parte de este libro se centra en el amor de pareja, debo dejar claro que será muy difícil alcanzar la paz que haga perdurar ese amor y permita que dos personas avancen como cómplices y compañeros andando un sendero común si antes de adentrarse en la ecuación del dos no han descubierto, experimentado e integrado el amor a sí mismos por separado. Por eso, en cada capítulo dedicaré unas líneas al juego del amor con y hacia uno mismo, ese que debe prevalecer independientemente de las relaciones que se mantengan.

Me consta que hay personas que piensan que pueden querer más a otros que a sí mismos, pero esto no es más que una falacia que esconde un profundo miedo a la soledad y una pobre autoestima, combinada con un tremendo desconocimiento de uno mismo y del ser. En verdad no podemos otorgar al otro más de lo que somos capaces o estamos dispuestos a darnos a nosotros mismos. Y si en algún caso pareciera que estamos regalando más de lo que nos resultaría natural regalarnos, deberíamos plantearnos si no estamos intentando manipular o, cuando menos, generar algún tipo de deuda de la otra persona hacia nosotros. La entrega no es tal si se hace desde la expectativa del reconocimiento o la retribución. En cualquier caso, enfocarse en otro, priorizar lo que vemos en alguien externo antes que lo que percibimos en nosotros mismos es solo una estratagema para no tener que enfrentarnos a nuestras sombras y a nuestras luces. Una forma tácita de evitar descubrir nuestras heridas y también nuestros dones y responsabilizarnos de ellos, hasta reconocer que nuestra felicidad depende exclusivamente de nosotros.

Veamos, pues, por dónde y cómo comenzar el camino del amor a nosotros y cuáles son sus portales fundamentales. Aunque suene redundante, el punto de partida somos nosotros. Como suelo decir, es casi imposible amar a alguien a quien no conoces. Por si alguien que venere a algún ídolo y sea o haya sido fan de alguien piensa que estoy equivocada, adelantaré que esa pasión enfocada en una idea o ideal no es Amor, ni siquiera se parece al Amor. De hecho, adorar a un desconocido basándote en la idea mental de lo que crees que es o cómo crees que es no es más que una forma de alejarte de la posibilidad del Amor elevándolo a la condición de utopía.

Para amar es imprescindible conocer al ser objeto de tu amor, con todo lo mejor y todo lo peor que le forma. Y cuando digo «conocer» no me refiero a adoptar unas creencias y definiciones como si se tratara de la realidad. No hablo de que repitas un «yo soy así» mientras te mantienes anclado en las reacciones de siempre sin descubrir los disparadores que las motivan. Ni hablo de que aceptes cómo te han dicho o te han hecho creer que eres o que debes ser, sin buscar tu auténtica idiosincrasia. Me refiero a descubrir, a comprender y, sobre todo, a aceptar todas las partes que te conforman (luminosas y oscuras); de este modo también lograrás comprender y aceptar los múltiples rostros de los demás.

La mayoría de las personas pasan por la vida dando por hecho que se conocen; pero es justo esa mayoría la que alimenta el gran egregor del miedo, de los juicios y de la falta de merecimiento, que impide que fluya el Amor y se manifieste la felicidad que todos merecemos. Creer que uno se conoce cuando ni siquiera se ha parado a mirarse a sí mismo es la gran excusa para no responsabilizarse del propio potencial, para mantener las cesiones de poder y las quejas y las decepciones que estas conllevan. Es la gran lacra que impide que lo que «siempre ha sido así» sea de otra manera.

Es cierto que, cuando comenzamos a mirarnos, revelamos algunas cosas que no nos parecen agradables y otras que nos pueden resultar incluso vergonzosas. Pero manteniéndolas ocultas a nuestra propia percepción no evitamos que existan. Es mejor ampararlas bajo la cálida mirada del observador, esa que no juzga ni carga de importancia nuestras zonas sombrías o nuestras tendencias incómodas; esa que, con paciencia, con valor, con honestidad, con atención, con coherencia y con responsabilidad, logra la alquimia de la transformación.

Imagina, por ejemplo, que al comenzar a conocerte descubres que guardas un montón de ira reprimida. Una cantidad grande y fea de esa ira que siempre habías criticado en los otros y nunca habías reconocido en ti. Bueno, es evidente que obviarla no la ha hecho desparecer, sino todo lo contrario: aquello que decidimos no contemplar se va ensanchando en la sombra a la espera de encontrar una fisura por la que escapar; y cuando lo logra lo suele hacer de forma distorsionadora y demoledora. Sin embargo, al observarla sin juicio puedes hallar su raíz para así sanarla y transformarla en aceptación, en rendición o incluso en amor.

Aunque parezca complicado, vislumbrar esas partes de ti te ayudará a algo que es imprescindible si de verdad deseas amarte, amar y ser amado: a conocer tus heridas para así poder sanarlas. Porque como iremos viendo a lo largo de estas páginas, todos portamos heridas antiguas que nos han tatuado distintos dolores y la falsa creencia de que no somos dignos de lo mejor. Heridas que nos hacen ponernos a la defensiva cuando el Amor aparece y nos conecta con nuestra vulnerabilidad. Heridas que nos hacen buscar el amor de forma inadecuada en lugares o personas improcedentes. Heridas que nos empujan a la reiteración de nuestras emociones más dañinas, en un intento de atención y salvación. Heridas que necesitamos curar antes de alcanzar el Amor con mayúsculas. Pero como digo, iremos desentrañando la importancia del conocimiento y la sanación de estas heridas a lo largo de distintos capítulos. Volvamos ahora a la importancia de conocernos para poder amarnos.

Uno de los ejercicios que pongo a mis alumnos, en el taller del ego consiste en echarse un novio o novia imaginario. Pueden elegir su nombre, su aspecto y sus cualidades; pero lo crucial no es eso, sino cuánto tiempo del día pasan con él, cómo lo tratan y qué hacen «en su compañía».

Los resultados de este ejercicio son dispares, pero lo que suele suceder es que, al segundo o tercer día, mis alumnos se olvidan de su novia o novio perfecto. El objetivo es que sean conscientes de cuánto tiempo pasan prestándose atención. Y, claro, si se olvidan de ellos, también se olvidan prontamente de esa proyección de sí mismos que debía hacer las veces de novio o novia.

Pero también hay unos pocos que al hacer el ejercicio comienzan a regalarse momentos de intimidad, a obsequiarse pequeños y grandes presentes, a buscar cosas especiales que compartir consigo mismos, a tomar conciencia de cuánto se habían abandonado y, sobre todo, a darse cuenta de que eso que esperaban que fuera cubierto por alguien externo lo podían cubrir ellos mismos de una forma exquisita.

Es esencial que seas tu mejor amigo, tu cómplice, tu amante... Que lo seas todo para ti. Ya eres la única persona indispensable de tu vida; ahora debes convertirte en la más importante. Es primordial que te des cuenta de que todo lo que necesitas está en ti y de que descubras que eres capaz de hacerte feliz. Que dispones de todo lo que puedas requerir en cada momento para estar bien sin depender de nadie más. Mientras te sientas incapaz y creas que necesitas del sostenimiento y el aporte de otros, no podrás compartir con equidad y, lo que es peor, esa sensación de incapacidad te hará sentir pequeño e indigno, lo que te alejará del amor a ti mismo y, por tanto, del amor en general. Tienes que comprender que sentirse pequeño e indigno es incompatible con sentirse merecedor del Amor.

Es momento de que cambies por Amor esa falta de merecimiento que hemos heredado del inconsciente colectivo, esa vana necesidad, esa dependencia que te impide conocer tus propios recursos, ese miedo que pesa sobre tantas mentes y ese sufrimiento que parece hermanar a la humanidad.

También es momento de que comprendamos que las palabras de Jesús «Ama al prójimo como a ti mismo» querían decir exactamente eso, que fuéramos capaces de empatizar, de ponernos en el lugar del otro, de comprenderlo, de aceptarlo y de amarlo; pero, ¡cuidado!, como a nosotros mismos, no más. Es una pena que estas palabras, como tantas otras enseñanzas antiguas, hayan sido tergiversadas hasta convertirse en una herramienta contra los hombres. La buena noticia es que hoy, aquí y ahora, podemos comenzar a desbrozar lo que ha sido sembrado de mentiras, hasta recuperar la verdad que nos liberará del dolor, de la sensación de torpeza e impotencia y de la larga espera.

La idea básica es, pues, que nos conozcamos a nosotros mismos (ya se nos invitaba a ello en el templo de Delfos, en la antigua Grecia, e incluso mucho antes), que estemos con nosotros mismos y aprendamos a respetarnos. Es probable que pienses que no es sencillo, pero lo cierto es que lo difícil es mantener una vida de desamor y desconexión contigo. ¿Qué puedes perder por probar algo diferente?

Comienza, con mucha ternura, a observar tus comportamientos, tus reacciones, tus deseos, tus necesidades... No importa lo que descubras; para empezar, simplemente observa con honestidad y no juzgues ni justifiques nada de lo que veas. Porque cada vez que te juzgues buscarás consciente o inconscientemente recibir un castigo, y cada vez que te justifiques darás alimento tóxico a tu ego para que defienda las altas murallas del personaje que te mantiene alejado de tu esencia. Recuerda que la misión de nuestro ego es mostrarnos las puertas que cerramos al Amor, y las justificaciones son su golosina favorita.

Acógete como si fueras tu mejor amigo. Y comienza a cuidarte como si fueras tu gran amor. Conviértete en tu confidente con la certeza de que te puedes contar cualquier cosa sin riesgo de ser despreciado. Y comprende que lo que no estés dispuesto a hacer por ti nadie más lo hará. Comprende que si tú mismo no te eliges entre todas las demás personas, es incoherente esperar que otro lo haga.

Cuando logres comenzar el camino hacia el centro del que nunca debiste alejarte, cuando establezcas los primeros cimientos de tus nuevas bases, el amor emergerá poco a poco en ti. Esto no quiere decir que a partir de entonces todo sea facilísimo. Por mucho que avancemos siempre estaremos en el primer paso del resto de nuestro camino. Pero al desengancharte de todo lo que te ha mantenido disociado del Amor, tus días recobrarán un sentido profundo que te colmará. Además, dispondrás de las herramientas necesarias para sanar tus heridas. Y recordarás que merece la pena, ¡que es posible!, y disfrutarás de la travesía y de la magia que la inunda.

Recuerda que la misión fundamental de tu vida es reinstaurar el Amor. Hace mucho olvidamos que somos un fragmento divino que posee en sí mismo toda la grandeza y todas las capacidades. Olvidamos, tras siglos de luchas, de bandos enfrentados, de anestesias, de miedos y distracciones, que somos seres dignos, merecedores de lo mejor.

Si te han roto el corazón hasta hacerte pensar que el amor solo es la reminiscencia de una leyenda, o que no es tan poderoso como cuentan, ten presente que esa sensación que te quema por dentro es solo una opción, la más fea. Solo de ti depende dejar de buscar justificaciones, explicaciones y culpables, y volver a darte una oportunidad. Si te mantienes prisionero de un acontecimiento pasado, cerrarás las puertas y las ventanas a los milagros presentes y futuros. Si te entretienes en el recuerdo y en el sufrimiento, serás tú mismo el que se impida tener una nueva oportunidad.

Si en esta vida alguien te ha hecho creer que no merecías la pena, perdónale y perdónate, y piensa que tal vez eso que te hicieron fue solo una pista para que recordases que no debías alejarte del amor a ti. Suelta la rabia, acepta la tristeza mientras exista y ten presente que, aunque todos podamos hacerlo, no todos están dispuestos a amar (en este momento). Pero sobre todo recuerda que es posible. Pase lo que pase, nuestra naturaleza fundamental estará pulsando desde el fondo de nuestro corazón, desde el centro de nuestra alma, esperando que devolvamos la mirada limpia que ella nos regala, para mostrarnos las pistas necesarias, hasta que reinstauremos el gozo y la valía que sustentan nuestra realidad divina.

- ¿Te elegirías a ti mismo como pareja?

- ¿Te conoces, te observas, te comprendes, te aceptas sin autoindulgencia?

- ¿Estás dispuesto a conocerte, a descubrirte y a convertirte en tu mejor versión por y para ti? Si tu respuesta es no, tendrás que ahondar en tu sentimiento de incapacidad y en una posible tendencia a elegir la infelicidad por adicción a ella o por una sensación de falta de merecimiento y falta de amor a ti.

- ¿Eres la persona más importante de tu vida? Si la respuesta es no, observa para qué otorgas a alguien externo ese lugar que debes ocupar tú. (No respondas con «porque...»).

Comencemos como si fuera la primera vez

No existe mayor sinsentido
que una vida vacía de ti.

Comencemos como si nunca, ni a nosotros ni a ninguno de nuestros ancestros o conocidos, nos hubieran herido. Como si nunca hubiéramos llorado o visto llorar por la pérdida de lo que creímos que era el amor. Como si nunca nadie hubiera tenido que ir en contra de lo que sentía por temor, como si nunca nadie hubiera tenido que renunciar a sí mismo. Comencemos como si nunca hubiéramos recibido ni dado un grito, una falta de permiso o un decreto devastador. Comencemos como si aún recordáramos, con cada célula de nuestro ser, el Amor.

Si queremos dar nuestros primeros pasos en el camino de retorno al Amor, debemos tener en cuenta que nuestro momento actual es el resultado de un cúmulo de desatinos por los que la humanidad, en general, ha experimentado una involución que la ha alejado de su origen y de su propósito. Parece evidente que esas partículas divinas que nos forman, esas chispas del Uno indivisible que comenzaron hace eones este juego, se han ido alejando de su centro hasta perderse en la amnesia de sí mismas.

Esta involución se ha manifestado de múltiples formas, y todas ellas han convertido a los humanos en seres temerosos y mendicantes. Ajenos a nuestro propósito inicial y, sobre todo, ignorantes de nuestro potencial y de la generosidad del universo, del que formamos parte, cedemos nuestro poder en lugar de asumir nuestra responsabilidad, y nos dejamos intoxicar por un conglomerado de irrealidades que nos impiden recuperar la consciencia que acabaría con el sufrimiento.

Sociedades enteras han confundido lo substancial con lo perecedero. Millones de personas han cedido a los pactos de conveniencia que no dejaban lugar a las relaciones por amor. Generación tras generación han ido renunciado al lenguaje de su corazón para ir en pos de imperativos temporales, bienes materiales, costumbres, dictados de viles manipuladores y miedos. Individuos que han caído vencidos por su propia frustración y que, de forma inconsciente, la han transmitido a sus proles, sin darles el permiso de trascender lo que nunca debió fijarse como realidad. Cadenas de amores imposibles, de desatinos, de culpas y obsesiones, donde la lealtad a los que fueron antes que tú te empuja a una repetición tan absurda como enfermiza. Así pues, en medio de este caldo de cultivo que amplifica las pesadillas restando credibilidad a los milagros, pretendo que retomemos nuestro compromiso con nosotros mismos y aprendamos —o recordemos— cómo amar, y osemos hacerlo.

Es tristemente cierto que crecemos contaminados por un montón de conceptos erróneos de lo que es el Amor. Y lo que es peor, con múltiples heridas, unas propias y otras heredadas; pero todas ellas nos alertan de posibles peligros y obstaculizan la apertura del corazón. Lo bueno es que cada uno de nosotros es capaz de sanar esas heridas. Poco a poco iremos desgranando algunas de estas lesiones que tanto nos pesan. Pero ahora comencemos tomando conciencia de lo importante que es que nos demos la oportunidad de comenzar como si fuera la primera vez.

Si intentamos amar para demostrar que era posible, si lo hacemos luchando contra lo inculcado o contra nuestro pasado, caeremos derrotados incluso antes de comenzar. Debemos acallar la mente, con su retahíla de memorias; debemos *dejarnos caer hacia dentro y hacia arriba* hasta descansar en nuestro corazón, y debemos regalarnos la oportunidad de mirar con ojos limpios, con la inocencia que no concibe el mal y sabe que todo es posible.

Esto que propongo será más sencillo si nos enfocamos en nosotros. Olvidemos por un momento a los demás y detengámonos a observar, sin juicio, nuestras actitudes, aquello que vivimos como carencias y nos impulsa a buscar el amor fuera. Sí, te estoy invitando, una vez más, a que te conozcas. Ten en cuenta que esa necesidad de amar que todos mantenemos como un recordatorio de nuestro compromiso fundamental se suele manifestar en una añoranza y una búsqueda incesante del Amor, solo que lo buscamos donde no podemos encontrarlo: fuera de nosotros. Ten en cuenta que amar, amarse y permitir que te amen es muy diferente de querer y necesitar que te quieran, entre otras cosas porque en el Amor no existe la necesidad.

A menudo me he encontrado con personas que, habiendo olvidado lo que en verdad supone el Amor, lo empequeñecen y confunden su búsqueda con la necesidad de ser «las elegidas». Esta necesidad, en ocasiones, exige desacreditar sus auténticos dones para conseguir aquellos que, aparentemente, son más especiales o codiciados. Cuando sucede esto, y es el ego quien domina los comportamientos y alimenta las carestías, las personas creen que diferenciándose de la colectividad lograrán ser admiradas por muchos. No se dan cuenta de que esa motivación que las lleva a intentar diferenciarse es, justamente, la que las iguala a la mayoría.

Pero más común aún que lo que acabo de comentar es la confusión entre el amor y el sentimiento de «ser elegido» por una persona, por una pareja o por un clan, debido a la falsa seguridad que otorga la pertenencia a él.

En estos casos se elude la incomodidad que provoca la mirada limpia del Amor, una mirada que te deja desnudo y descubierto en tu completitud, que desmantela los escondrijos desde los que el ego se queja, se justifica y se engancha a las privaciones y al sufrimiento.

No estoy diciendo que tener una pareja esté mal; de hecho, más adelante hablaré sobre la importancia de la pareja. Lo que intento compartir aquí es el daño que podemos hacernos cuando, sin habernos descubierto, cambiamos la apuesta por el uno y nos conformamos con la alucinación y la extraña comodidad del dos; cuando en lugar de mirarnos y permitir que otro nos vea, nos disfrazamos en función de lo que consideramos que el otro —que no es más que un reflejo de nuestra propia trampa— espera que seamos.

Estoy segura de que, en distinta medida, cualquier persona que esté leyendo estas líneas habrá vivido la experiencia de diluirse en los deseos y necesidades del otro hasta sufrir la peor de las soledades, la que te recuerda que te has abandonado; la que te grita cuánto te echas de menos y te empuja a reencontrarte, a recuperarte, a volver a ti, a regresar al Amor.

Ese proceso de dilución es paulatino. Y no dejará de suceder mientras no te conozcas, no te aceptes, no te ames a ti mismo y no comprendas que el Amor, como iremos viendo, no consiste en dejar de ser uno mismo por otro ni tampoco en lograr que otro cambie por ti.

En lugar de empeñarnos en transformar lo que somos para gustar, deberíamos comprometernos con nosotros mismos para convertirnos en nuestra mejor versión. ¿Alguna vez te has esmerado en ser la persona más ideal que pudieras tener a tu lado? ¿Te has comprometido contigo mismo a convertirte en tu mejor amigo, tu mejor compañía, tu mejor amante, tu mejor sostén? Te diré un secreto: juzgando los aspectos de ti que te disgustan no vas a lograrlo. Esforzándote en ser como los otros, o cómo crees que los otros quieren que seas, tampoco; ni entreteniéndote en envidiar lo que crees que los otros son o tienen. Y tampoco lo lograrás fantaseando con un posible futuro idílico ni recreándote en un pasado oscuro, triste o frustrante.

Por todo ello, te propongo (una vez más) que te conozcas, que te vayas descubriendo capa a capa. Que borres de tu estantería mental todos los miedos a que se repita lo pasado y elimines todos los juicios contra ti que te empujan a mantenerte encadenado a un personaje incapaz de manifestar tu grandeza. Obsérvate a cada instante como si fuera la primera vez que te miras, y hazlo con unos ojos nuevos que nada censuren. Compréndete, desentraña tus dolores con ternura y concédete la capacidad alquímica de la transformación que todos poseemos. Así podrás comenzar a ser quien has nacido para ser. Así podrás amar y te atreverás a dejarte amar.

En este apartado te invito a comenzar como si fuera la primera vez. Sé que no es sencillo, pero creo que, bien en soledad, bien en compañía, es la única forma eficaz de iniciar este sendero o este compromiso.

Más allá de los recuerdos que podamos guardar de forma consciente, portamos muchas otras memorias. Las evidentes son las que (ciertas o no) nos han compartido las personas que de alguna forma han sido nuestros referentes. Las menos evidentes son las que pesan como fracasos o como secretos en nuestro árbol genealógico y se enredan dentro del bosque del inconsciente colectivo. Es de sentido común pensar que si el karma de la humanidad es el Amor, el conglomerado de experiencias que hablan de él, en ese inconsciente colectivo del que formamos parte, no deben de ser muy acertadas; si lo fueran, recibiríamos una agradable resonancia que nos facilitaría nuestra tarea, en lugar de salpicarnos con miedos. Por eso tenemos que hallar la forma y el coraje de comenzar como si nunca nadie hubiera sufrido por amor, como si nunca nadie hubiera renunciado a su corazón por miedo o comodidad, como si nunca nos hubiéramos o nos hubieran abandonado, como si en el camino hacia el Amor no existiese la posibilidad del fracaso.

Para Amar, como ya expliqué en el primer capítulo, debemos estar dispuestos a poner en duda todo lo que creemos. No podemos avanzar en este camino si nos apoyamos en nuestro ego, en sus necesidades y carencias. No podemos hacerlo manteniendo la mirada en historias y emociones pasadas. Y tampoco podemos avanzar si nos apegamos a las imágenes de maldad, peligro y error, que sin duda solo sirven para alejarnos más de nuestro centro.

REFLEXIONA

- ¿Acumulas creencias y memorias negativas acerca del Amor? Si tu respuesta es sí, pregúntate si son reales, qué te aportan y qué te restan. Y sobre todo plantéate si estás dispuesto a desapegarte de ellas y soltarlas.

- ¿Cuánto Amor o ausencia de él has visto en la relación de tus padres, tus abuelos y demás referentes?

Amarse no es sinónimo de egoísmo; sufrir por otros tampoco es sinónimo de Amor

*El apego nos lleva a disfrazarnos
de formas esperpénticas
y termina hundiéndonos en el sufrimiento.
Por el contrario, el Amor nos devuelve a nuestro centro
y nos impulsa por el sendero de la consciencia.*

Amarse no es, en ningún caso, sinónimo de egoísmo. El egoísmo consiste en la incapacidad de registrar las necesidades, sentimientos y emociones del otro. Esto no implica que el egoísta se sitúe por encima de los demás, sino de que carece de empatía hasta tal punto que llega a cosificar a los demás, sin percatarse de que también son seres sintientes.

Ser coherente con uno mismo, aun a riesgo de estar equivocado, no es egoísmo. Decir no cuando queremos decir no, pensar en lo que realmente nos hace bien y enfocarnos en lograrlo, reconocer el mérito de los pasos dados, empatizar, comprender e incluso sostener sin hacerte cargo de lo que le sucede al otro... no es egoísmo.

Y sufrir, preocuparse y desdibujarse para retener al otro no es, en ningún caso, sinónimo de Amor.

Del patrón de egoísmo al de víctima sacrificada, que pone las necesidades, deseos y emociones de los demás siempre por encima de los propios, hay un abismo. Pero lo elemental es que ambos extremos son igual de insanos, desacertados y violentos. En ambos casos, estos arquetipos se hacen mucho daño a sí mismos, lo que revierte de forma negativa en los que les rodean. El sufrimiento propio nunca acrecienta el gozo externo, de igual forma que el gozo personal no aumenta el sufrimiento del otro. Me consta que algunas personas pueden pensar que esta ley funciona de forma inversa, pero quienes piensan así solo están exhibiendo su gran desamor, que los hace mantenerse prisioneros de una mirada juzgadora e incluso envidiosa, e incapaces de otorgarse la propia felicidad. Esta trampa terminará en el momento en que esas mismas personas dejen de culpar a los demás de sus circunstancias o emociones, dejen de sentir vergüenza de sus posibles éxitos y tomen conciencia de sí mismas para comenzar así su travesía de retorno al Amor.

Al egoísta le da igual el impacto que sus acciones tengan sobre los demás, mientras que a la víctima sacrificada la repercusión de sus actos le importa en demasía, tanto que se olvida de calibrar lo que realmente es sustancial, y lo que es peor, olvida que en realidad no conoce las motivaciones y necesidades profundas y reales del otro, con lo cual se va secando con cada sacrificio mal entendido mientras ceba su frustración interior. Es más, a la víctima se le olvida que a menudo el otro no le está demandando su sacrificio; y aunque así fuera, olvida que muchas veces lo mejor que podemos hacer por aquel al que amamos es dejar de darle, dejar de sostenerle, para que así pueda descubrir sus propios dones y con ellos las herramientas de su autosuficiencia, su poder y su libertad. Dar permiso al otro para ser exige mucha valentía; pero solo cuando somos capaces de hacerlo podemos aseverar que estamos amando.

ANTES DE TERMINAR

RECUERDA

- Estamos aquí para reinstaurar el Amor. El Amor, por mucho que se disfrace, es nuestro motor y nuestro mayor propósito.

- Lo trascendental es el Amor. Lo único que te llevarás contigo al morir será lo mucho o lo poco que hayas amado.

- Cuando anulas el factor Amor de la ecuación de tu vida, todo lo demás puede cargarse de importancia, pero en ningún caso de sentido.

- Mientras no recuerdes de forma consciente que mereces amarte, malgastarás tu tiempo y tu energía en mendigar sustitutos que en ningún caso te aportarán paz o plenitud.

- Ya eres la única persona indispensable de tu vida; ahora debes convertirte en la persona más importante de ella.

- Aunque no lo creas, si tú no te amas, no permitirás que otros te amen. No podrás encontrar el Amor fuera de ti si no lo encuentras antes en ti (hacia ti).

- Renuncia a las creencias que te hacen pensar que el Amor es imposible y te abocan a la dualidad y, por tanto, a la lucha.

- Cambia (apoyándote en las memorias o la certeza de tu alma) los patrones heredados que te puedan llevar a asociar el Amor con el sufrimiento, con el miedo o con lo inalcanzable.

- Al permitirte contemplar desde el corazón comprendes todo lo que no es comprensible desde la razón y dejas de juzgar.

- Cada vez que te juzgues buscarás consciente o inconscientemente recibir un castigo.

- Priorizar la mirada que posas en alguien externo sobre la que te concedes a ti mismo es solo una estratagema para no tener que enfrentarte a tus sombras y a tus luces.

ALQUIMIA

Llega cuando dejamos de elegir basándonos en el miedo y comenzamos a hacerlo desde el Amor; cuando dejamos de dar prioridad a la opinión externa y nos centramos en nosotros y en lo que nos reporta paz.

Capítulo 3

Por qué «dejamos» de Amar

Solo manifiestan su auténtico poder
aquellos que están en paz con su vulnerabilidad.
Solo descansan en el Amor
aquellos que, estando enteros,
saben que no tienen nada que temer.
Solo aman y se dejan amar
aquellos que se conocen
y se disfrutan por entero.

¿Dejamos de amar? ¿Es posible que nazcamos con el propósito de Amar y dejemos de hacerlo? ¿Es coherente que plantee esto cuando ya he dicho que el amor es nuestro motor hasta cuando decidimos ignorarlo? Si alguna vez has estado enamorado, si tienes hijos, padres, perro o gato, puedes responder rápidamente que no dejamos de amar. También puedes decir, sin pensar, que unos aman siempre y otros no aman nunca. Pero mi intención es que ahondemos más allá de las respuestas fáciles y superfluas, que encontremos el valor para contemplar lo que no queremos mirar, que observemos desde la honestidad que clarifica la realidad, a veces incómoda pero siempre liberadora.

Fantasear no es sinónimo de amar, como tampoco lo es poseer, preocuparse, manipular, aconsejar, proteger, desear, necesitar, ni una larga lista de actitudes que se utilizan para camuflar el ego y el miedo que lo alimenta. La mayoría de nosotros llegamos a la edad adulta con un corazón maltrecho, ávido de retomar su lugar, pero tan desatendido que ni siquiera sabe cuál es ese lugar que añora. La mayoría de nosotros ha dilapidado parte de la luz con la que nacemos en agujeros negros, en empresas imposibles que no requerían de nosotros ni buscaban ser alumbrados en su elegida oscuridad. La mayoría de nosotros crecemos cargando (de forma indebida) con el sufrimiento de nuestros ancestros y adoptando como forma de unión y pertenencia ese mismo sufrimiento, como si la felicidad nos fuera a arrojar lejos de la Unidad que recordamos, y por eso mismo extrañamos. Y así, la mayoría de nosotros va acorazando su corazón hasta que su voz va convirtiéndose en una pobre guía de subsistencia y su luz única se va apagando en unas candilejas vulgares y vacías.

Somos testigos enfermos de un tiempo de necesidades en el que el Amor parece más un mito cercano a la extinción que una realidad esencial. A veces nos parece descubrirlo en gestos aislados de personas anónimas; otras, aparece en nuestros sueños con toda su grandeza, o se diluye como humo entre nuestros dedos ansiosos. Y todo esto sucede mientras nuestro ego lo mendiga y nuestro corazón lo añora. Lo intuimos, pero, como espoleados por una turba que empuja desde el inconsciente colectivo, lo desechamos aferrándonos a las manos de los que se empeñan en asesinarlo. Sí, vivimos en un tiempo de terrorismo, y no me refiero a esas pobres personas que, hundidas en su ignorancia, se atreven a renunciar a sus vidas mientras cercenan las de otros; me refiero a los que alimentan las semillas de lo imposible, del chantaje, del «ya te estrellarás», de «el amor es una tontería», del «confórmate», del «quien bien te quiere te hará llorar», del «vales lo que tienes», del… ¡Qué pena! Podría seguir y seguir nombrando eslóganes de terror que llevamos escuchado desde antes incluso de nacer y que hemos terminando adoptando como ciertos. Sí, hemos decidido nacer en un momento de la historia en el que se han acumulado demasiados desatinos, demasiadas inercias destructivas, demasiadas justificaciones que argumentan —a veces de forma soterrada y otras veces cargadas de razón— que el Amor solo es una quimera, una ilusión.

Al igual que tú, he nacido en este tiempo en que los hombres y las mujeres han olvidado lo que significa Ser y se han lanzado a una carrera absurda que les exige esconderse, perderse y, eso sí, poseer. Un tiempo de extremos, de guerras abiertas y contiendas enmascaradas. Una época en la que se procura aniquilar nuestra creatividad antes de que cumplamos los siete años, en la que no se nos enseña a pensar ni se nos permite sentir. Se nos invita a mentir y a contener las emociones, pero no se nos explica cómo gestionar lo que sentimos, por mucho que nos duela. Y tras tanto drama acumulado y actualizado, parece increíble que el Amor no caiga fulminado bajo el peso de la «realidad».

Como ya he dicho, no me interesa saber en qué momento comenzó esta locura, solo me importa colaborar (hasta donde pueda) para que concluya. Veamos, pues, algunos de los grandes motivos por los que, naciendo desde el Amor, con el propósito fundamental de reinstaurar el Amor aparentemente perdido, dejamos de amarnos. Veamos los grandes resortes instalados en nuestro inconsciente que, lejos de ayudarnos a ser y a sentir, nos impulsan a establecer juicios, a la desconexión y a la destrucción (incluida la nuestra). Entremos en un espacio que en la mayoría de las personas ha quedado clausurado por «inconveniente» desde el principio de la vida y que, sin embargo, encierra la llave mágica que nos devuelve al camino original del Amor.

Y llegados a este punto, la pregunta es: ¿dejamos de amar o solo nos extraviamos, hasta olvidarnos de nosotros mismos, bajo capas de inútil protección? Tal vez, antes de responder deberíamos delimitar lo que no es Amor o, cuando menos, puntualizar algunas actitudes que se asocian indebidamente al Amor sin tener ninguna relación con su esencia. Mantenerse distraído, desconectado y convenientemente anestesiado, por muy entretenido que pueda resultar, no es amarse. Permanecer cautivo de unos dogmas heredados, con la mente cerrada y el alma encarcelada en la pertenencia y las deudas de sangre, patrióticas o sociales, por muy conveniente o cómodo que pueda parecer, ni es amarse, ni es amar. Empeñarse en cincelar lo supuestamente inadecuado para conseguir la aprobación externa tampoco es amarse, tampoco es amar. Controlar, manipular, preocuparse y sufrir por los demás nunca son formas de amar…

En nuestro propósito de Amar, confusos y contagiados, famélicos de nosotros mismos, nos vamos despojando de nuestra esencia, a la vez que empezamos a conformarnos con todo lo que no es Amor. Pero lo peor, aparte de la condena de amnesia que nos autoimponemos, es que terminamos confundiendo el miedo con el amor, y mendigando incluso «golpes», con tal de ser «tocados». Pero todo esto puede solucionarse al tomar conciencia de lo que nos hacemos; solo así regresaremos a nuestro precioso centro y cambiará lo que nos damos y lo que recibimos.

REFLEXIONA

- ¿Has dejado de amarte?
- ¿Qué comportamientos de desamor hacia ti muestras y para qué los mantienes?
- ¿Crees que amas o solo necesitas?

- Si consideras que hace tiempo que prefieres no arriesgarte amando, busca cuál fue el punto de inflexión que te llevó a elegir algo tan dañino.

La vulnerabilidad

El día que descubrí el origen
de mis lágrimas y conocí mi fragilidad,
dejé de esconderme,
dejé de defenderme y encontré la paz.

Te invito a que leas este apartado regalándote un tiempo especialmente íntimo. No lo leas desde la mente buscando encajar nuevos conceptos en viejas estanterías. Dale una oportunidad a estas palabras mientras te das una oportunidad a ti mismo. Exhorta a todas las partes que te forman, las que suelen tener el control y las que no se suelen dejar ver (por vergüenza, debilidad...) e indícales que, juntas, sin juicios ni temores, os vais a regalar un momento de *spa* para el alma. No es necesario que comprendas, solo siente...

Y ahora que estás entero y tranquilo (pues nada te puede dañar), acompáñame a bucear por la laguna de la vulnerabilidad, la de tu propia vulnerabilidad, que es idéntica a la mía y a la de todos los seres humanos.

Para realizar esta inmersión tienes que dejar fuera el control; no puedes entrar en este lugar sagrado con expectativas, y mucho menos esperando garantías o resultados concretos. Es arriesgado, sí, pero la vulnerabilidad implica exactamente eso: un riesgo grande que te deja completamente expuesto. En la vulnerabilidad no hay protecciones. De hecho, cuando construyes muros de seguridad y barreras en este lugar íntimo y precioso, le arrancas la belleza, la calidez, la ternura y el poder, y conviertes esta maravillosa energía en miedo.

Si te has permitido deslizarte más allá de tus definiciones y falsas certezas hasta este rinconcito, habrás descubierto muchas pequeñas partes de ti que fueron juzgadas y desechadas como inadecuadas. También aquí puedes contemplar tus heridas. Pero lo más importante es que, si de verdad has llegado hasta aquí en silencio, dispuesto a sentir, te habrás dado cuenta de que no te has hecho ni más pequeño, ni más débil. Al contrario, solo conociendo, reconociendo y aceptando esta parte fundamental de ti te puedes mostrar tan grande y poderoso como eres. Al negarla no permites que salga a la luz y te automutilas. Al impedir que emerja y se sacuda las sombras, te escondes, y mientras permaneces escondido, el Amor no puede hallarte. Mientras te escondes del Amor, perdido en un sinsentido terrible, inventas peligros externos que justifican la edificación y restauración de los altos muros cuyo cometido es protegerse de la oscuridad, del dolor y del mal que tú mismo estás promoviendo desde tu resistencia.

No hables, mantén el silencio en tu mente. No argumentes; ya lo hago yo por ti. Podríamos decir que si la vulnerabilidad implica la indefensión, el peligro aumenta; pero eso solo sería una estratagema del ego. Es cierto que hoy en día, debido a nuestra terquedad, a nuestros miedos y a nuestras emociones superlativas e insanas, podemos encontrarnos con muchas cosas feas en este mundo. Pero es igual de cierto, o más, que cuanta más resistencia, miedo y falta de aceptación sentimos, mayores son los monstruos que nos acechan.

Llevo años diciéndole a mis alumnos que los auténticos *guerreros del amor* son aquellos que asumen su vulnerabilidad. Si lo que te otorga poder y dota a tu vida de sentido es Ser, es evidente que la construcción de un personaje invulnerable y la negación de tu realidad solo te van a impedir la manifestación de tu esencia. Llevo esos mismos años intentando que mis alumnos entiendan que lo único que les va a acercar a la paz y lo único que se van «a llevar» consigo cuando abandonen el cuerpo que ahora ocupan es cuánto hayan amado. También procuro siempre que se den cuenta de que la vida nunca ofrece garantías, que la paralización y tensión que genera la duda por falta de garantías hace perder mucho más que cualquier error concebible. Y es esto lo que implica la vulnerabilidad: renunciar al dominio del ego, dejar de alimentar al miedo y encontrar el valor que permite abrirse, desnudarse por completo, sin necesidad alguna de controlar los posibles resultados. Porque, pase lo que pase, solo pierdes cuando te pierdes. Es cierto que, al mostrarte, al exponerte por completo con tus heridas desprotegidas, con tus puntos débiles al descubierto, te pueden hacer mucho daño. Pero lo terrible no es el daño que otros te puedan hacer, sino el que tú te haces escondiéndote tras un personaje tan falsamente invulnerable como ciertamente inaccesible. Un personaje que, además de impedirte la conexión con otros, te imposibilita el conocimiento de ti mismo y te deja solo y extraviado en los pozos de la desconfianza.

Yo, personalmente, prefiero sentirme vulnerable a sentirme aterrorizada.

Comprende que cualquier relación que se inicia desde la falsa invulnerabilidad está abocada al desamor, pues nace desde la mentira. No existen garantías de que las relaciones que inicias desde la vulnerabilidad tengan el final feliz que necesita tu ego, pero sí te puedo asegurar que redundarán de forma positiva en tu evolución y en tu avance hacia el Amor.

Iniciar una relación desde la falsa invulnerabilidad es igual que ir a hacer el amor con tu pareja y no estar dispuesto a quitarte la ropa, ni las botas, por miedo a que descubra algún pequeño defecto físico en tu cuerpo. ¿Qué sentido tiene mantener una relación con una persona que piensas que te va a dejar de querer, o te va a juzgar, o te va a ridiculizar por lo que tú consideras un defecto? Recuerda que solo puedes amar aquello que realmente conoces. La vulnerabilidad te desnuda. ¿Preferirías hacer el amor con alguien vestido con abrigo y botas o con alguien desnudo? ¿Dejarías de amar a tu pareja por un defecto físico que solo es visible en la intimidad o procurarías cuidar ese punto débil, esa herida o esa cicatriz?

Considero que este ejemplo explica la diferencia entre vivir, ser y compartir desde la vulnerabilidad, o desde la proteción que nos otorga el hecho de mostrarnos falsamente invulnerables. Si te ha resultado útil, puede que te estés preguntando qué nos lleva a disfrazarnos de lo que no somos. ¿Cuándo y por qué empezamos a escondernos? Seguramente hay una respuesta concreta para cada uno de nosotros, pero tristemente todos aprendemos a ocultar nuestra vulnerabilidad muy pronto, en la niñez. Algunos empiezan a hacerlo al ser amonestados por mostrar su inocencia, otros al ser agredidos por el mero hecho de existir, otros ante el atronador silencio contra el que chocaban sus peticiones, sus palabras o la simple necesidad de sentirse amados. Cualquiera que sea el motivo en cada cual, esas primeras heridas de cuyo dolor intentamos protegernos creando un buen escondite, una coraza, nos han mantenido desamparados. Tal vez el día que lleguemos a ser capaces de reconciliarnos con nuestra vulnerabilidad comprendamos que, sea quien sea el que esté frente a nosotros, es un ser humano con las mismas heridas y la misma fragilidad que tanto nos hemos empeñado en esconder nosotros. Tal vez así, cuando llegue ese día, dejemos de agrandar las mentiras que nos contamos sobre nosotros mismos, nos acerquemos a los demás y, sin catalogarlos según su grado, apariencia u otros aspectos, permitamos que se acerquen a nosotros.

Somos semillas divinas esperando encontrar suelo fértil en nuestro interior para emerger restaurando el Amor. Y mientras no lo conseguimos, nos mantenemos prisioneros de ese sufrimiento que nos une, de un dolor que no hemos querido mirar y que lanzamos como un intento de defensa contra quien se atreve, de verdad, a tocarnos el corazón. Sería mejor que arrancáramos las piedras que convierten nuestro terreno interno en terreno yermo y, con los brazos y el corazón abiertos, tuviéramos el coraje de volver a sentir.

REFLEXIONA

- ¿Eres consciente de tu vulnerabilidad? ¿Permites que los demás la vean?
- ¿De qué crees que te estás protegiendo?
- ¿Ante qué eres más vulnerable? ¿Sentirte vulnerable te supone algún tipo de problema? ¿Cómo vives la vulnerabilidad en los demás?

El miedo

La única salida de la celda del miedo
es encontrar el valor para trascender
las no verdades y comenzar a Ser.

Ahora te invito a que me acompañes a un espacio más extenso. Es más: te invito a que te pongas de pie, con los pies paralelos a las caderas, y sueltes la tensión de las rodillas y el resto del cuerpo, y respires profundamente soltando el aire por la boca. Siente la fuerza de la tierra que te sostiene bajo los pies y centra por completo tu atención en este vasto espacio físico y no físico que se extiende alrededor de ti. No es suficiente con que eches un vistazo: tienes que estar completamente centrado, sin ninguna ventana abierta a los recuerdos ni ningún resquicio por el que proyectarte hacia el futuro. Con todo lo que eres —no lo que crees que eres, lo que te han dicho que eres o lo que te gustaría ser— enfocado en esta magnífica extensión carente de tiempo que se llama presente.

Si lo has hecho, si has aceptado mi invitación, habrás descubierto algo grandioso: ¡en el presente no hay cabida para el miedo! El miedo es una energía que se alimenta de tu desconexión con la realidad. Y tu desconexión con la realidad se nutre de la actualización emocional de tus recuerdos —de tu apego a lo que crees que ha sido tu vida, con todos sus dramas, frustraciones y carencias— y de las proyecciones que, basándote en el pasado, realizas de tu futuro. Si algo salió mal ayer, lo habitual es que temas que vuelva a salir mal mañana. La ausencia de ti en el presente te roba la oportunidad de la transformación y te enreda en la química emocional; aletarga tu consciencia y hace que te pierdas lo que eres. Pero si observas el presente —incluso aunque, por algún motivo, esté lleno de lo que el ego calificaría como circunstancias aciagas— sin juicios y dejas de escapar hacia atrás y hacia adelante, verás que ¡no hay miedo!

El miedo es la gran excusa para no amar, para no entregarse, para no mostrarse... ¿Qué pretexto te queda cuando te das cuenta de que el miedo no es real? ¿Vas a seguir utilizando recuerdos o imaginando futuros? Si decides seguir haciendo eso, al menos sé consciente de que te estás evadiendo del presente y de que es así como el miedo puede poseerte.

El título de este capítulo reza: «Por qué dejamos de amar», con la palabra *dejamos* entrecomillada, porque en realidad nunca dejamos de amar, solo nos alejamos de nosotros mismos. Huimos del conglomerado de obligaciones de perfección; huimos de los dolores que no hemos tenido la oportunidad de cuidar, de la deshonestidad que nos rodea… Huimos de tantas cosas que al final olvidamos de qué, y terminamos huyendo de nosotros mismos, de nuestra esencia, de nuestro único refugio real, del faro que nos indicaba el sendero de retorno al Hogar.

Ya desde el comienzo de esta huida empezamos a ocultar nuestra vulnerabilidad; creemos que lo hacemos como un acto inteligente de supervivencia, o porque es lo que se supone que tenemos que hacer, sin siquiera plantearnos si hay otra opción. El caso es que en el mismo momento en que comenzamos a enterrar nuestra vulnerabilidad abrimos las puertas a todos los miedos que nos han contaminado desde antes incluso de nuestro nacimiento; a los miedos que aguardaban en nuestras células y en nuestro inconsciente como un virus adormecido que ahora despierta ávido, ansioso y deseoso de más. Al miedo que rápidamente se alía con nuestro ego (ya mal educado), con nuestras funestas lealtades ciegas y con lo peorcito del inconsciente colectivo, y nos da razones de peso para hacer más altos y más gruesos los muros de nuestra supuesta invulnerabilidad. Lo que no sabemos es que cuanto más invulnerables nos empeñemos en ser, mayores serán los peligros que deberemos temer y mayor el vacío de nuestro propio Ser.

El autoabandono, la amputación de partes de nosotros que no nos parecen tan hermosas como deberían, o que resultan incómodas a los demás, y el no reconocimiento de nuestra vulnerabilidad son las grandes raíces del miedo.

Abandonarnos renegando de una parte de nosotros y rechazar nuestra vulnerabilidad solo nos servirá para alimentar a los monstruos de los que intentábamos huir, para aniquilar nuestra capacidad y nuestro sentimiento de dignidad, para alejarnos más y más de los otros, de nosotros y, por supuesto, del Amor.

REFLEXIONA

- ¿De qué tienes miedo? ¿Tus miedos hunden sus raíces en tu pasado o en tu futuro?

- ¿Cuántos peligros y enemigos crea y alimenta tu mente para mantener vivo tu miedo?

El autoabandono

Al final del camino,
después de tanto buscar,
me volví a encontrar conmigo.

La primera vez que visité el desierto del Sahara, hace ya muchos años, mientras contemplaba absorta, sobrecogida —y también agradecida—, en medio del silencio, la magnanimidad de sus arenas, de la nada surgió una pregunta. No era yo quien me la hacía, al menos no mi parte mundana; pero mi parte humana la escuchaba: «¿Qué nos une, el Amor o el dolor?». Tenía clara cuál era la respuesta fácil, o por lo menos sabía qué respuesta prefería; pero la nostalgia que emergió de mi corazón me recordaba que las preguntas interesantes no sirven de nada si son respondidas desde nuestra conveniencia; y aquella era una pregunta muy interesante. ¿Era posible que todos nosotros, partículas del Uno, hubiéramos nacido para Amar y sobreviviéramos unidos por el dolor en lugar de por el Amor? Aunque a mi pesar, supe aquel mismo día cuál era la respuesta, he tardado años en comprender lo que esa respuesta implica. Mi camino para llegar a la raíz de la que voy a hablar ha sido único y tú tendrás que encontrar el tuyo. Dado que solo cuando llegas por ti mismo a las respuestas eres capaz de comprenderlas, no pretendo que tomes como dogma esto de lo que te voy a hacer participe, solo quiero compartir uno de los mayores descubrimientos de mi trayectoria por si un día te sirve (ojalá así sea).

Antes de adentrarme en el tema del autoabandono, deja que te ponga un ejemplo que suelo usar en mis talleres al respecto. Piensa en una manifestación multitudinaria en cualquier parte del mundo… Sea cual sea el objetivo de esa manifestación (excepto si se trata de una celebración o competición deportiva), lo que hace que el gentío se una suelen ser emociones como la rabia, la frustración y el dolor, pero no el Amor.

Piensa, por ejemplo, en las ayudas que reciben muchas zonas geográficas después de vivir catástrofes naturales. Los que ayudan se mueven a menudo por lástima, por piedad o incluso por altruismo; sin embargo, esto tampoco suele significar unión desde el Amor, salvo en casos muy aislados.

Recuerda que el Amor no juzga y en ningún caso nos sitúa por encima o por debajo de los demás. El Amor es mucho más grande que un grito de rabia o un acto de caridad.

Después de esto, voy a intentar simplificar al máximo el tema del autoabandono, confiando en que esta información te sirva para regresar a ti.

Nuestro autoabandono comienza muy pronto; los primeros pasos que damos en este camino rocoso tiene lugar en nuestra primera infancia, en ese tiempo en que somos todo amor, inocencia y asombro. En esa etapa nos mostramos tal como somos, sin filtros, pero tenemos ciertas necesidades que deben ser cubiertas por adultos. No podemos todavía elegir con quién estar, ni tampoco poner límites a lo que nos daña. Estamos indefensos en un medio viciado, que pronto nos incita a dejar de ser y a imitar a quienes hace mucho renunciaron a la unión por el Amor y se quedaron en la pertenencia, aunque fuera desde el sufrimiento. Es entonces cuando, por una simple necesidad de supervivencia, comenzamos a ocultar las partes de nosotros y de nuestra esencia que incomodan a aquellos a los que amamos y de los que aún dependemos. Empezamos a llenar la celda de nuestra sombra con pedazos de nosotros que resultan incómodos para el entorno en el que tenemos que vivir, hasta que olvidamos esos trozos que nos hemos cercenado. Lo malo es que, de manera inconsciente, mantenemos esa actitud hasta convertirla en un mal vicio que nos acerca a nuestros congéneres, tan mutilados como nosotros. Y así, poco a poco, o demasiado deprisa, vamos creciendo separados de nosotros mismos, juzgando (por imitación y lealtad al clan en el que hemos nacido) lo que hemos condenado a nuestra propia sombra. Nos alejamos de nuestro centro al mismo tiempo que nos apartamos de la consciencia, de la vulnerabilidad y del Amor. Pues al polarizarnos y aceptar solo algunas partes del Uno que nos forma, nuestro ego, con sus aparentes carencias, y nuestro miedo, con sus supuestos peligros y temibles enemigos, crecen. Nuestra mente consciente e inconsciente comienza a hacer listados de cualidades que no son dignas de ser amadas y nuestro corazón comienza a sentir la tristeza del vacío de nosotros mismos.

Como ves, lo malo de lo que acabo de exponer no es lo que nos hacemos en nuestros primeros años, sino lo que nos seguimos haciendo después. Cada vez que dejamos de atendernos, de ser nosotros mismos para no incomodar, cada vez que nos relegamos y nos olvidamos de nosotros, cada vez que renegamos de cualquier parte de nuestro todo, nos abandonamos. Y cuando nos abandonamos nos estamos tatuando el mensaje de que no somos dignos ni merecedores del Amor y, por lo tanto, nadie nos va a Amar (porque nosotros no nos amamos). Y si suponemos que nadie nos va a Amar, desde el autoabandono, creyéndonos mucho más pequeños e incapaces de lo que en realidad somos, mendigaremos atención, reconocimiento, cobijo o cualquier sucedáneo barato del Amor, perpetuando así la exclusión de algunas de nuestras partes divinas con tal de que alguien se quede a nuestro lado. El peor de todos los abandonos es el que nos infligimos a nosotros mismos. No hay nada más cruel que quebrantar nuestra propia plenitud obligándonos a empequeñecer y a vivir como seres indignos, incompletos y, por ello, tremendamente necesitados, pero al mismo tiempo poco merecedores. Desde esta atrocidad es muy difícil reinstaurar el Amor, pues este hecho supone en sí mismo una gran muestra de desamor hacia nosotros que se perpetúa como normal por ser común y nos deja perdidos en el desconocimiento de nuestra grandeza y nuestro auténtico poder. Desde el autoabandono renegamos de nuestra divinidad, disfrazándonos de pobres mendigos.

REFLEXIONA

- ¿En qué aspectos de tu vida temes ser abandonado y, con esa excusa, dejas de ser tú y de hacerte cargo de ti?

ANTES DE TERMINAR

RECUERDA

- Puede que temas ser visto por si los otros, al verte, te repudian; pero al no tener el coraje de mostrarte, el que se está repudiando eres tú. Si tú no te sientes digno de ser amado, ¿quién te va a amar?

- La vulnerabilidad es la llave mágica hacia el Amor. Necesitas desnudarte, dejar de resistirte y de protegerte para descubrirte, para reconocerte y para volver a amarte.

- La negación y la no aceptación de tu vulnerabilidad es una de las raíces de tu miedo.

- Temer mostrarte «desnudo» con el fin de proteger tu heridas o «defectos» te aboca a la desconexión y a la negación de ti y, por tanto, de los demás. Mientras no te permites Ser, con tu puntos débiles y tus puntos fuertes, mantienes las puertas y las ventanas cerradas al Amor. Si no te permites Ser, no permites Ser a los demás.

- Pase lo que pase, solo pierdes cuando te pierdes.

- Lo terrible no es el daño que otros te puedan hacer, sino el que tú te haces escondiéndote tras un personaje tan falsamente invulnerable como ciertamente inaccesible.

- ¡En el presente no hay cabida para el miedo! El miedo es una energía que se alimenta de tu desconexión con la realidad.

- No hay nada más cruel que vulnerar nuestra plenitud obligándonos a nosotros mismos a empequeñecer y a vivirnos como seres indignos e incompletos.

ALQUIMIA

Llega cuando dejas de crear enemigos y peligros externos y, consciente de tu propia vulnerabilidad, de tus heridas y de tus puntos débiles, regresas a ti para acogerte por entero.

Capítulo 4

La importancia de la pareja

A veces, cuando no puedo verme,
necesito contemplar el dos
para regresar al Uno.

A nivel biológico estamos catalogados como animales gregarios, con una tendencia natural a agruparnos para asegurar nuestra supervivencia. Es probable que sea a causa de este instinto o de la pulsión de la parte más primitiva de nuestro cerebro —que se empeña en hacernos ver peligros y nos distrae de lo bueno dirigiendo nuestra atención a lo que aparentemente está o estuvo mal— que tanta gente se mantiene atada a sus clanes a pesar de la infelicidad que esto les genera. En esos casos en que prevalece la energía básica de baja frecuencia, predominan el miedo y los instintos primarios por encima del Amor e incluso del sentido común.

Puedo aceptar esta herencia biológica, pero como toda herencia, reconozco que no es más que el resto de un pasado que se puede transformar. Llevamos millones de años buscando nuestra vía óptima de evolución y mantenernos estancados en lo que siempre ha sido así, utilizando como excusa la biología, no me parece la mejor opción. Además, estamos viviendo una época en la que los descubrimientos acerca de nuestra genética, más que impedirnos el avance que necesitamos, nos pueden resultar de gran ayuda para evolucionar.

Desde un punto de vista sentimental, e incluso espiritual, también resulta sano y necesario que nos relacionemos, siempre y cuando no sea desde la mendicidad que busca cubrir taras emocionales hasta dejarnos vacíos y alejados del respeto y el amor a nosotros mismos; siempre y cuando no sea a costa de permitir que nos dirijan y esclavicen los miedos.

Precisamos de los demás para descubrir, gracias a lo que nos reflejan, lo que no estamos queriendo o sabiendo ver en nosotros. Es saludable que el mayor número posible de personas entienda que estamos inmersos en un laberinto de espejos, que a lo largo de nuestra vida nos vamos cruzando con personas que se prestan, de forma inconsciente, a mostrarnos aquellas partes de nosotros mismos que necesitan ser sanadas o reconocidas, para que nos hagamos cargo de esas partes de nosotros mismos desde la responsabilidad; así es como podemos propulsar nuestro propio avance. Es, por tanto, maravilloso que actualmente se hable en tantos círculos de la proyección y los espejos, con el fin de recordarnos que todo aquello que atraemos y por lo que nos sentimos atraídos está en resonancia con nosotros; que todo aquello que juzgamos es solo un reflejo de la oscuridad o la sombra que no queremos reconocer en nosotros. Y que aquello que admiramos (la envidia no es admiración) no es más que el fulgor de algún don propio que aún no estamos manifestando.

Serán muchas, muchísimas, las personas con las que nos cruzaremos en nuestro camino, pero no todas conseguirán llamar nuestra atención ni mover nuestras emociones. Solo unas pocas serán capaces —con una palabra, una actitud, una emanación o un simple gesto— de hacernos sentir de manera profunda. Algunas formarán parte de nuestra historia personal y otras desaparecerán rápidamente, dejando tras de sí una huella significativa. Puede incluso que esto parta de personas que ni siquiera lleguemos a conocer: el Dalai Lama, Martin Luther King, Steve Jobs, Vicente Ferrer o Stephen Hawking son algunos ejemplos positivos de individuos que con sus palabras y con sus actos han marcado una diferencia y han servido como referente y estímulo a mucha gente. Cuanto más claro tengamos que solo nos sentiremos atraídos o repelidos, y emocionalmente «movidos», por aquellos que tienen algo que mostrarnos o recordarnos, más sencillo será que dejemos de criticar y culpar a los de fuera. Y más fácil nos resultará comprender desde dónde se forma una relación de pareja, así como el por qué y el para qué de las complicaciones que surgen en estas relaciones, por mucho amor que exista entre las dos partes. Pero, sobre todo, se hará más evidente la oportunidad que nos ofrece una relación de pareja para sanar nuestras heridas y transmutar los programas o memorias que nos alejan de la felicidad. Porque, de entre todos los «espejos» que aparecen ante nosotros con la intención inconsciente de mostrarnos nuestras zonas heridas o autohirientes, tenderemos a elegir como pareja a aquella que refleje con más claridad y mayor intensidad lo que necesitamos ver y reconocer de nosotros mismos.

Con esto no pretendo decir que si no tienes pareja no puedes descubrirte y sanarte. Como he dicho en un capítulo anterior, mientras el camino del uno y del amor al self no haya sido transitado, el camino del dos y del amor al otro será bastante complicado. Pero es igualmente cierto que la experiencia de la pareja abre un campo de descubrimientos casi impensable en soledad. En ambos casos existen vías de autoconocimiento y sanación, así como prácticas conscientes que, desde el compromiso, pueden ayudarte a abandonar los miedos y el sufrimiento. Ambas opciones son enriquecedoras, pero, repito, si no has tenido el coraje de adentrarte en el amor a ti mismo, una relación de pareja solo te empujará a un océano de heridas abiertas y de confrontación con todo lo que aún no has descubierto de ti, así como a todos los sinsabores y reacciones emocionales que esto conlleva.

Utilicemos un ejemplo común para aclarar lo que quiero decir. Es tristemente habitual que una niña que ha sido agredida por su padre se sienta atraída, de adulta, por hombres que tienden al maltrato. Lo normal es que una mujer que ha vivido la humillación del padre en sus primeros años y en su adolescencia no desee, al menos a nivel consciente, seguir siendo maltratada. ¿Cuál es entonces la razón que la lleva a sentirse cautivada por hombres agresivos? La respuesta más sencilla es que la guía internamente un patrón que la empuja a buscar lo que ya conoce. Si sus creencias acerca de la figura del hombre están basadas en lo que ha visto en su padre, no registrará a los hombres respetuosos y pacíficos. Para su inconsciente y su mapa de creencias ni siquiera existen. Esta respuesta es cierta, pero constituye solo una parte del motor que la lleva a conformar sus circunstancias. A esta respuesta le faltan dos aspectos fundamentales que permitirán obtener una perspectiva más completa de esa inercia en su comportamiento. Uno de ellos es que, a través de la repetición, busca la oportunidad de sanar su herida. Solo ante un hecho repetido tenemos la opción de posicionarnos de una forma distinta. Si nuestra respuesta ante el mismo estímulo sigue siendo idéntica o muy similar, el estímulo se perpetuará, generando las mismas consecuencias internas. Si la mujer de este ejemplo terminó huyendo de su padre porque no podía más, acabará también abandonando a todos los hombres con los que se empareje y la agredan, sin darse cuenta de que, por mucho que huya, seguirá cargando con todo el maltrato recibido y sus consecuencias. En su mochila emocional portará heridas sobre las heridas.

El segundo aspecto es la oportunidad que esta mujer se regala, aunque sea a nivel inconsciente, de darse cuenta de cómo se trata a sí misma. Por desgracia, si desde pequeña ha recibido humillaciones, descalificaciones e insultos, esa será la forma habitual en que se hable también a sí misma. Esto generará, aparte de una evidente falta de amor propio, que su tolerancia al maltrato externo sea más alta que la de una persona que haya sido tratada con respeto, palabras estimulantes y cariño. He de remarcar que la alta tolerancia al maltrato externo es algo muy negativo, pues nos indica exactamente el nivel de maltrato interno al que nos sometemos.

La mujer de este ejemplo necesitará cambiar conscientemente sus reacciones y sanar el concepto que tiene de sí y de los hombres antes de poder emparejarse con un hombre respetuoso, inofensivo y amoroso. Tendrá que recorrer un largo camino hasta descubrir que la forma en que su padre «la amó» no es lo único a lo que puede aspirar, ni mucho menos lo único que merece.

Además de lo expuesto en este ejemplo, existe otro campo de sanación que queda sembrado de pistas en las relaciones de pareja. Siguiendo con el mismo ejemplo de la niña maltratada por su padre, si esta crece prisionera de lealtades ciegas a su clan y ahogada bajo el peso de los *transgeneracionales* que haya heredado de su familia (que crezca así será lo normal al haber nacido en un hogar carente de Amor, en el que convivían un verdugo y una víctima), su tendencia y sus inercias inconscientes serán las de repetir la vida de su madre. Se mantendrá en el papel que su madre eligió desempeñar, un rol de maltratada: no cree ni confía en los hombres y, en última instancia, los utiliza para justificar su sufrimiento, un sufrimiento del que, en el fondo, ella es la única responsable.

Aunque en el capítulo 6 hablaré de las lealtades ciegas, quiero ahondar un poco más en la información que acabo de compartir. Hemos dicho que aquellas personas con las que nos relacionamos de una forma más emocional son nuestros más fieles espejos. En ellos podemos ver todo lo que hemos ocultado en nuestra sombra hasta ignorarlo. Esto, en lo que a relaciones de pareja se refiere, llega a tal punto que acabamos escogiendo como compañero o compañera a alguien que cargue con creencias, herencias y transgeneracionales similares al nuestro. Es muy probable que el varón o los varones con los que se empareje la chica de nuestro ejemplo provengan de hogares misóginos, donde la violencia de cualquier tipo contra la mujer, o la violencia en general, estaba permitida y se consideraba algo normal.

Ninguno de nuestros protagonistas se va a dar cuenta, mientras se deje llevar por sus inercias, de que verdugo y víctima son en este caso lo mismo, las dos caras de la misma moneda. Los verdugos viven prisioneros de su miedo y de su sentimiento de inferioridad, mientras que las víctimas suelen ser verdugos aún más cruentos, aunque sutiles y hábiles; sacan lo peor del otro y están dispuestos a mantener la apuesta de la propia infelicidad. También las víctimas viven atrapadas en el miedo; aunque lo manifiestan y lo somatizan de una forma diferente a sus verdugos, en el fondo son iguales.

En medio de este sinsentido, de este juego macabro que se repite sin fin generación tras generación a no ser que lo ilumine la mirada de la consciencia hasta sanarlo, la chica maltratada se mantendrá paralizada, ajena a la posibilidad de su propia evolución y de la activación del Amor a sí misma, lo cual la incapacitará para Amar a otros y también para dejarse Amar, a causa de una lealtad mal entendida, un temor consciente o inconsciente que le susurrará que si se convierte en ejemplo de que todo puede ser diferente acabará repudiada y expulsada de su clan; o que si para su madre no hubo otra oportunidad, tampoco la habrá para ella... Esta situación pone de manifiesto de nuevo que hay que ser muy valiente para amar y que mientras te mantengas apegado a un clan enfermo, no tendrás acceso al Uno, a tí mismo. No hemos nacido para perpetuar los dolores de nuestros ancestros, sino para trascenderlos, para sanar, para Amar y para gozar.

Esto no es más que un ejemplo. Cada cual tiene su propia historia, aunque cuantas más historias descubres, más consciente eres de que la inmensa mayoría de ellas tienen mucho en común. Son demasiadas las líneas de abusos, desconfianza, desesperanza, rabia, miedo y, sobre todo, falta de Amor, que se manifiestan como una herencia aparentemente inalterable en muchos ámbitos y en muchas personas. Pero no se trata de algo inamovible, en absoluto. Este conglomerado de creencias y repeticiones se puede transformar, y es nuestra responsabilidad hacerlo.

Veamos qué podemos modificar guiados por la maestra soledad antes de comenzar a recorrer laberintos en compañía, con la intención de que, si unimos nuestros pasos a los de otro, sea para avanzar y no para dar vueltas a un círculo infinito.

REFLEXIONA

- ¿Qué te hace amar a alguien concreto? ¿Para qué amas a esa persona?

- ¿Desde dónde y para qué busco pareja o estoy con mi pareja?

La importancia de la soledad

Este vasto espacio habitado solo por mí
me recuerda que existo.
En su centro hallo mi capacidad,
mi valía, mi valor
y también el Amor.

Tan cierto como que la pareja nos puede ayudar a descubrirnos y acercarnos a nosotros mismos es que no representa un factor indispensable para reinstaurar el Amor.

Aunque podemos descubrir partes de nuestra sombra al verla reflejada en otros, y todos somos susceptibles de que las personas con las que nos relacionamos toquen nuestras heridas, también podemos descubrir e identificar esas mismas heridas en soledad. De hecho, la soledad es una de las grandes maestras de la vida. Por supuesto, no me refiero a esa soledad mohína que se padece cuando te quedas junto a alguien por miedo a la ausencia de compañía, sino a la soledad que al principio puede resultar complicada, pero que, finalmente, si lo permites, te despliega el abanico de tus posibilidades, de tus puntos débiles y de tus mayores potenciales.

Suelo sugerir a mis alumnos que aprendan a estar solos, ya que, tal como iremos viendo, una de las formas más rápidas de alejarse del Amor es la de diluirse en otro por temor al abandono, un peligro que evitamos cuando sabemos estar solos. Lo habitual es que las personas que viven atemorizadas por un posible abandono estén enganchadas al miedo que nace del autoabandono y la desconexión de su esencia y vivan desde el desconocimiento de sí mismas y de las oportunidades que guarda la soledad.

Desde críos nos inculcan la importancia de la pertenencia; a las niñas, además, suelen convencernos de que es imprescindible encontrar un marido. Pero no nos hablan de todo lo que podemos revelar transitando la soledad.

Personalmente, puedo asegurar que si no hubiera pasado tantos años sola no habría descubierto la mayoría de mis capacidades. Si siempre hubiera tenido a alguien a mi lado me habría acostumbrado a tener determinadas necesidades cubiertas y no habría manifestado mis propios recursos. Y lo que es aún más importante: me habría aletargado ante el convencimiento de mi propia incapacidad de autosuficiencia material, intelectual, espiritual y emocional.

Como he dicho, la soledad, al principio, puede resultar pesarosa. Es una maestra cruda que te muestra *dónde estás* y te va exponiendo de forma clara todo aquello que percibes como una carencia, todo lo que vives como una necesidad que te crees incapaz de cubrir por ti mismo. Si en lugar de abrir el espacio que le corresponde a esta maestra te empeñas en huir de ella o le impones torpes disfraces, terminarás compartiendo rutinas sombrías con alguien a quien además exigirás que se haga cargo de tus carencias y, por tanto, de tu dolor y de ti, tarea que jamás podrá cubrir nadie excepto tú mismo.

Escapar de la responsabilidad y el compromiso de conocerte —hasta convertirte en tu mejor manifestación— por unirte a quien crees que puede compensar tus grietas nunca te acercará a tu esencia ni te ayudará a reinstaurar el Amor. Este tipo de unión se asemeja más a un contrato mercantil que a una relación que te permita evolucionar. Y lo que es peor, en este tipo de unión al menos una de las partes (normalmente las dos) termina siendo prisionera de sus necesidades iniciales, solo que de una forma aumentada y contaminada por la decepción. Esa decepción es una oportunidad de recordar que nadie puede hacer por ti lo que tú no hagas; puede resultar un aviso para que dejes de buscar fuera lo que tiene que florecer dentro. Sin embargo, lo que las personas suelen hacer con esa decepción es aderezarla con juicios y culpas que terminan aumentando su sufrimiento y alejándolas de sus potenciales esenciales.

Esta actitud temerosa hacia la soledad es otra forma de cegar nuestro corazón. Y con un corazón cegado dejamos de vivir la realidad y nos mantenemos cautivos de una mente que inventa ensoñaciones y se entretiene en la inconsciencia, con lo que deja de percibir el presente y cierra las puertas a los milagros.

Una de las muchas enseñanzas que ofrece la soledad es la de la propia identificación. Por desgracia, desde que nacemos se nos roba el permiso de ser quienes somos imponiéndonos pequeñas celdas que describen «quiénes debemos ser». Por encima del Amor, del Ser e incluso de la dignidad y el merecimiento del alma, se imponen los deseos, las necesidades y la comodidad de nuestros progenitores y de las personas que, en nuestra infancia, se responsabilizan de nosotros. Tal y como explico en *Amar sin sufrir. El libro de los hijos* y en muchas conferencias y talleres, desde el comienzo de nuestra vida nos contaminan con creencias tóxicas que hunden sus raíces en el miedo y nos hacen dependientes con el argumento de una falsa incapacidad para enfrentarnos a los grandes peligros que nos acechan en el mundo. Sin embargo, podemos erradicar esta contaminación en el momento en que retomamos nuestro poder y renunciamos a nuestra *inversión de vida*, a esa historia con la que nos identificamos pero que en ningún caso somos nosotros, a ese cúmulo de sucesos pasados y emociones distorsionadas a los que estamos apegados y que, a la postre, nos impide Ser. Para lograrlo tenemos que ser valientes, estar dispuestos a retomar el poder que hemos ido cediendo desde nuestro nacimiento y prepararnos por si somos expulsados del clan que nos ha forzado a ser mucho más pequeños de lo que somos. Tenemos que comprometernos con nosotros mismos y estar dispuestos a replantearnos todo lo que creemos saber y lo que creemos ser. Tenemos que desnudarnos hasta vislumbrar las rendijas por las que se fuga nuestra energía esencial y también los puntos de luz en los que nos podemos apoyar para sanar, para recuperar la dignidad y la paz.

Solo renunciando a ese personaje exiguo con el que nos hemos identificado, ese que ha ido creando circunstancias para que viéramos nuestras *no verdades*, podremos comenzar a Ser. Y solo comenzando a Ser recordaremos que disponemos de todo lo que necesitamos para aliviarnos, evolucionar, reinstaurar el Amor y alcanzar la plenitud.

Sin lugar a dudas es preferible transitar por el sendero de la soledad y descubrirte —mientras aprendes lo que esta maestra te ofrece— que terminar padeciendo una soledad llena de presencias físicas que te hunden en la necesidad de pertenencia, ensombrecen tus auténticos potenciales y te aprisionan mediante la desconexión y la creencia de tu incapacidad.

REFLEXIONA

- ¿Cómo te llevas con la soledad?

- ¿Conoces todos tus potenciales? ¿Hay algo que te crees incapaz de hacer solo?

- ¿Qué parte de tu poder y de tu responsabilidad cedes a los otros?

ANTES DE TERMINAR

RECUERDA

- Aquello que atraemos y por lo que nos sentimos atraídos está en resonancia con nosotros. Y aquello que juzgamos es solo un reflejo de la oscuridad o la sombra que no queremos reconocer en nosotros mismos.

- Tenderemos a elegir como pareja a la persona que refleje con más claridad y mayor intensidad lo que necesitamos ver, reconocer y sanar en nosotros.

- Nadie va a cubrir aquellas necesidades que tú mismo no seas capaz de cubrir. Y nadie va a cuidar las partes de ti que tú mismo no cuides.

- En caso de tener pareja, intentemos sacar el máximo y mejor partido de nuestra relación, envolviéndola de consciencia y alimentándola de Amor.

- Es imprescindible emprender cuanto antes el camino del Amor a nosotros mismos, y este camino requiere, a menudo, que descubras y disfrutes la soledad.

- Ante un hecho repetido tenemos la opción de posicionarnos de una forma distinta. Si nuestra respuesta ante el mismo estímulo sigue siendo idéntica o muy similar, el estímulo generará indefinidamente las mismas emociones internas.

- Si en lugar de ofrecer el espacio que le corresponde a la soledad te empeñas en huir de ella, terminarás compartiendo rutinas sombrías con alguien a quien además exigirás que se haga cargo de esas carencias y, por tanto, de tu dolor y de ti.

Alquimia

Llega cuando nos damos cuenta de que el otro no es ni el enemigo ni el responsable de nuestro estado, cuando aprendemos a estar solos y no estamos con nadie por necesidad o por miedo, sino por libre elección, por Amor.

Capítulo 5

Mis heridas, tus heridas. ¿Cómo vamos a amarnos entre tanto dolor?

Cuando el Amor te alumbra, despierta tu temor
a ser visto solo de forma parcial, a sentir de nuevo
el dolor, el miedo a que no sea Amor
o, incluso, a que sí sea Amor...

Una de las cosas más importantes que he experimentado a través de mis relaciones de pareja es el descubrimiento de mis heridas. Cuando era muy joven, cada vez que mi pareja hacía —o no hacía— algo que ponía de manifiesto algún dolor antiguo o incluso desconocido, me sentía dañada y solía pensar que tener que vivir esa experiencia era una absoluta injusticia. Pero pronto comencé a darme cuenta de que, aunque no llegase a comprender lo que estaba sucediendo, y el por qué o para qué me estaba pasando, si estaba ocurriendo era por y para algo. Empecé a ser consciente de que en la vida nada es casual ni aleatorio y detrás de cada suceso hay un gran entramado que puede mostrarme lo que desconozco, o lo que no quiero o no sé mirar y debe ser descubierto. Entonces empecé a dejar de quejarme, de culpabilizar, y comencé a responsabilizarme de mí y de mis circunstancias. Y fue retomando mi poder y llenándome de mí como emprendí de verdad mi camino de evolución, de sanación, de Amor.

A aquellos que aún no han decidido asumir su propia responsabilidad y prefieren seguir cediendo su poder y culpabilizando a personas o circunstancias de las situaciones que han vivido o están viviendo, esto les puede resultar desagradable. Como he apuntado, nos adiestran desde que nacemos para que no crezcamos, para que nos mantengamos dóciles en el bucle del miedo, el desamor y la infelicidad. Para que cedamos nuestro poder y permanezcamos lejos de nuestro centro y de nuestra esencia... Se necesita mucho valor para salir de esta inercia que lo contamina casi todo; hay que estar dispuesto a adquirir un gran compromiso con uno mismo, a realizar un gran acto de Amor hacia uno mismo si se quiere salir de este laberinto de ratones de laboratorio en el que «lo mejor» no deja de ser una utopía inalcanzable. Para lograrlo es fundamental comprender que somos los primeros y últimos responsables de nuestro estado. Aunque este estado sea espoleado por circunstancias aparentemente externas, nosotros somos los únicos responsables de cómo las vivimos, de cómo nos hacen sentir dichas circunstancias.

No a todos nos ponen alegres o tristes las mismas cosas. El grado en que lo externo afecte a lo interno dependerá de las heridas personales y de los peldaños que aún debamos subir para recuperar la consciencia adormecida. Estas heridas son las que quedan expuestas —y nos hacen muy vulnerables— cuando nos unimos en nuestro caminar a otra persona partiendo de la búsqueda o el reencuentro con el Amor.

Antes de tratar de identificar algunas heridas, sus proyecciones y posibles motores reactivos, es imprescindible dejar claro que a una relación de pareja las dos partes llegan con lesiones íntimas. Normalmente no son visibles. Como no nos han enseñado lo primordial que es sanarlas ni cómo gestionar de forma adecuada nuestras emociones, desde nuestro instinto de supervivencia nos esforzamos en ocultarlas bajo velos, lo que puede hacernos pensar que han desaparecido. Hay personas que se las niegan, a sí mismas y a los demás, por temor a sentirse expuestas, vulnerables o frágiles. Otras se empeñan en anestesiarlas y sobreviven como si no las tuvieran. Muchos se apegan a esas heridas convirtiéndolas, para su propio mal, en el fundamento de sus vidas. Sea cual sea la estrategia del inconsciente personal, todos, absolutamente todos, en mayor o menor medida, estamos lastimados. Y es así, heridos y vulnerados en nuestro corazón, en nuestra mente y en nuestra emoción, como nos lanzamos a la sempiterna búsqueda del Amor y del Amor a nosotros mismos a través de los demás.

Por ello al relacionarnos con otras personas deberíamos mostrar mucho respeto a nuestras propias heridas y tener mucho cuidado con las del otro. Si las lesiones fueran físicas y visibles sería mucho más sencillo hacerlo; si pudieran identificarse visualmente resultaría más fácil ser conscientes de ellas, mostrarlas y confiar en que el otro no vaya a plantar su dedito en nuestra llaga. Pero no son reconocibles con los ojos, sino solo perceptibles a nivel sensorial y emocional. Y como nos hemos desconectado tanto de nuestra percepción, nos vemos obligados a proteger nuestras zonas tiernas y sangrantes, a veces dando explicaciones que terminan contaminando la realidad y empeorando lo que ya estaba mal, y otras defendiéndonos por temor al más mínimo —aunque ponzoñoso— roce.

Es importante ser consciente de las zonas susceptibles, haberse ocupado mínimamente de sanar las propias heridas; tan importante como ser consciente de que quien está frente a ti o a tu lado también porta lesiones antiguas que requieren de mimos, de comprensión, de paciencia…, de Amor.

Cuando hablo de las heridas que salen a la luz al relacionarnos de una forma sentimental e íntima, me refiero a ese quebranto profundo que suele tener origen en nuestros primeros años de vida, o incluso en los meses de gestación, y que, partiendo del dolor, la incomprensión y la indefensión que nos generó, ha ido alimentando un vacío de amor a nosotros mismos y también un temor grande a la falta de amor por parte de los demás. Identificar esa herida original sobre la que se han ido acumulando las demás no siempre resulta sencillo. Es cierto que si la descubrimos y logramos sanarla estaremos erradicando también las secuelas. Pero la forma de hacerlo no es obsesionarse con llegar a la raíz de las heridas, ya que esto puede ofuscarnos y sumirnos en la confusión y el sufrimiento. La vía para llegar a identificar y sanar el origen de nuestra falta de amor y nuestras penas es ir observando las heridas recientes y aquellas que se han venido repitiendo en nuestros días. Así, poco a poco, con paciencia, atención y ternura, podremos transformar las actitudes, los pensamientos y las emociones que nos impiden vivir el Amor desde la paz y la plenitud. Y esta actitud debemos entrenarla en soledad, en la intimidad de nuestra propia compañía, antes de poder gestionarla junto a otros; así seremos conscientes de nuestros propios recursos y no caeremos en la manida trampa de esperar que sea nuestra pareja la que se responsabilice y se haga cargo de nuestro dolor.

Veamos algunos ejemplos sencillos de herida primordial, antes de pasar a explicar maneras en las que pueden afectar a los comportamientos, temores y reacciones que tenemos en nuestras relaciones, así como a los que insanamente mantenemos con —o contra— nosotros mismos.

Lamentablemente, es probable que muchos de los que leáis este libro hayáis sido criados con un lenguaje negativo, lleno de sentencias y decretos que se han grabado en vuestra mente —consciente e inconsciente— como si de tatuajes indelebles se tratara. Estas son algunas expresiones comunes que van dañando profundamente a los niños y adolescentes: «Nadie te va a querer»,

«No vales para nada», «Eres tonto», «No mereces todo lo que tienes»... y, por desgracia, muchísimas más. Escogeré una de tantas como ejemplo básico: «Eres malo». Si, desde que recuerdas, cada vez que mostrabas tu esencia o hacías algo que se oponía a lo que se esperaba de ti escuchabas esto, es muy probable que hayas crecido creyendo que realmente había algo malo en ti, intentando ocultar tu auténtica personalidad, sintiéndote indigno y temeroso de que los demás te repudiaran porque los «malos» no merecen ni amor ni nada bueno. Mientras, en el fondo, deseabas amar, amarte y ser amado. Pero ¿cómo te ibas a amar si eras malo? ¿Cómo ibas a darte una oportunidad, si el decreto aprendido se repetía en tu cabeza ante cada circunstancia que pudiera molestar mínimamente a alguien? ¿Cómo te ibas a amar si, sin querer, al repetir la mentira que te hicieron creer, le dabas fuerza para convertirla en verdad?

Comienza así una lucha entre lo que necesita tu alma (Amor) y lo que atesora tu ego (creencias y miedos), una batalla en la que no puede haber vencedores, pero sí vencidos y mucho dolor.

Tu alma te regalará todas las pistas que sean necesarias para que veas desde dónde te alejas del Amor. Te empujará de una repetición a la siguiente hasta que descubras cuál es la forma de sanar el daño que te hicieron y, sobre todo, el daño que te haces a ti mismo. En el ejemplo del que hablamos, te susurrará que eres digno, que no hay nada malo en ti, hasta que seas capaz de rendirte y sentir que es así.

Tu ego, sin embargo, desplegará todas sus armas para mantenerte «seguro». Porque si crees que tú eres malo, irremediablemente creerás que hay muchos malos fuera. Además, tu ego, mal educado, se esforzará en protegerte porque ya has sufrido. Probablemente fueron aquellos a los que amabas más (tus padres) los que te hicieron sentir, sin pretenderlo, que eras indigno y malo. Y si ellos, que debían ser los que más te quisieran, vieron eso en ti... ¿quién te va a amar?

Un día te enamoras. Y disfrutas de esas sensaciones que activan memorias del amor; pero pronto, cuando las hormonas del enamoramiento comienzan a relajarse, tus temores vuelven a crecer. Pierdes la naturalidad del principio, pues apuestas por seguir ocultando tu esencia. Y sin querer, o sin saber, comienzas a estar a la defensiva. Hasta que, en cualquier momento, tu amada o tu amado pronuncia las palabras que se cuelan en lo más profundo de tu psique y te arrollan emocionalmente. No importa la intención, la carga o la ausencia de carga que tuvieran. Sin querer alguien ha metido el dedo en la llaga y tu reacción no te lleva a la observación, y mucho menos a la comprensión. La racionalidad, incluso el amor, quedan soterrados bajo el desgarro emocional, que no llora por lo escuchado ahora, sino por lo oído tantas y tantas veces. Y llora por el miedo consciente o inconsciente al abandono, a perder esa pequeña parcela de amor, ahora que él o ella «se ha dado cuenta de que eres malo».

Las reacciones derivadas dependen del posicionamiento que cada cual haya elegido para sobrevivir. Puedes ponerte furioso, y atacar y defenderte intentando evitar futuros daños, o puedes doblegarte ante la percepción que tengas de ti mismo y refugiarte en un ostracismo que no es más que la victoria de tus temores. O, en el mejor de los casos, quizá puedas refrenar cualquier tipo de reacción y darte cuenta de que, justo en ese momento y gracias a la acción de tu pareja, tienes la oportunidad de ser consciente de algo que no habías superado. Por supuesto, esta última opción es la más sana. Aunque darte cuenta de que no has superado algo no te hace superarlo, al menos te regala una especie de tregua para buscar vías de aceptación, de sanación y de transformación.

Pondré ahora un ejemplo algo más complejo. Para abordarlo debemos tener en cuenta que muchas de las heridas que algunos portamos se generan incluso antes de nuestro nacimiento. Imaginemos el caso de un niño, al que llamaré Pablo, gestado «por accidente». Ninguno de sus progenitores pretendía o deseaba, al menos a nivel consciente, tener hijos. Pero es sobre todo su madre, durante la gestación y sus primeros años de vida, la que experimenta una fuerte sensación de rechazo hacia ese niño. Una silente aversión que acrecienta mientras ella culpa al bebé de su falta de libertad y, sin malicia, va volcando en él su propio desamor y le hace responsable del «final de su vida».

Este niño ya ha nacido con una de las heridas más complejas: el no reconocimiento de su existencia. La produce la ausencia del amor y el gozo que el nuevo nacimiento debería generar. A modo de bisturí, esta situación le extirpa vínculos, permisos y derechos esenciales.

A pesar de ello, con toda probabilidad el bebé amará a su madre y será capaz de amoldarse a lo que (aparentemente) ella necesite para ser feliz. Pero la felicidad de su madre en ningún caso está en su mano, y ante cada intento de agradar él irá chocando contra la frustración, incluso con la culpa. Aun así es improbable que su amor merme. Los bebés, con su mirada limpia y su corazón casi inmaculado, se resisten tanto como pueden a alejarse del Amor… Hasta que un día cualquiera esa madre, que se ha revolcado más de lo normal en su propio sufrimiento, apoyada en cualquier excusa, le propina una tremenda paliza a su hijo. Desde mi punto de vista, no hay excusa que justifique que un padre pegue a un hijo, y mucho menos aprovechándose de la indefensión de la infancia. Pero lo importante no es mi punto de vista, sino que este ejemplo está basado, por desgracia, en algunos casos reales. La primera vez que el chico de nuestro ejemplo recibe esos golpes vive un *shock*. Un *shock* que en cada caso será gestionado de una forma particular para asegurar la supervivencia.

Supongamos que en este caso el instinto de Pablo elige bloquear no el recuerdo de la paliza, pero sí el tremendo dolor que sufrió, la impotencia y el sentimiento de injusticia experimentados. Sin embargo, por mucho que el inconsciente se esmere, lo que no podrá deshacer es el daño que el niño ha sufrido sobre la herida que ya portaba: el no reconocimiento o celebración de su existencia, el desamor manifiesto. Sin merecerlo, cuando él solo intentaba ser o existir, ha sido víctima de la ira, la inconsciencia y la frustración de alguien a quien ama, lo que añade un dolor ponzoñoso a su herida primera. Pero a pesar de ello, su alma le empujará a continuar, y mientras continúa, de forma más o menos consciente buscará un espacio en el que dedicarse ese amor que desconoce, y una oportunidad para cerciorarse de que el Amor es más grande que la ira y la frustración, que el Amor existe y que tiene derecho a disfrutarlo.

El tiempo pasará y Pablo crecerá e intentará buscar su propio camino. En el transcurso de su vida, por su tipo de herida, es muy probable que experimente más de un tipo de agresión y humillación injustificada contra él. Supongamos que, a pesar de todo, Pablo elige seguir creyendo en el Amor y cada vez que es traicionado por malos sentimientos externos, simplemente se retira. Cada una de estas experiencias será como sal vertida sobre su herida no sanada, y así irá forjando su *inversión de vida*, con el peso de las creencias que las situaciones repetidas habrán ido fraguando en su consciente y con el dolor de lo que no ha podido sanar al quedar emocionalmente bloqueado.

Un día Pablo se enamora y siente cómo se le abre el corazón. Agradece la oportunidad de vivir esta experiencia con su pareja, el tremendo regalo de sentir lo que siente. Y su fe crece. Piensa que todos los pasos han merecido la pena, hasta que un mal día, por un cúmulo de circunstancias que nada tienen que ver con Pablo, su pareja vuelca su ira y su frustración contra él. En ese instante, Pablo vuelve a ser ese niño pequeño e indefenso que no comprende nada. De repente, su herida se abre, lo que estaba congelado se descongela y «sangra» de forma profusa. Pero su pareja no es consciente de nada de esto; está frente a él, volcándole una furia que le está volviendo a partir el alma, justo donde ya se la han fracturado demasiadas veces. Siente incomprensión e indefensión, pero, sobre todo, un dolor desgarrador. No puede, o no sabe, parar lo que está sucediendo, y se va.

Puede que para su pareja no haya sido para tanto: cuando las personas sufren un ataque de ira no suelen ser conscientes de lo que están emanando y del daño que generan dentro y fuera de ellas. Sea como sea, en este ejemplo la historia de amor de Pablo termina.

Como iremos viendo en los siguientes capítulos, tanto Pablo como su pareja podrían haber elegido otras formas de actuar. Pablo podría, por ejemplo, haber vuelto y haberle explicado a su compañera lo que esta le había hecho sentir; podría haber sido totalmente honesto con ella y consigo mismo, y de este modo haberse respetado y haber pedido el respeto y cuidado que surge de forma natural cuando amas. Podría haber comenzado a buscar formas de sanar esa herida que permanecía latente. Y si habiendo elegido esta opción su compañera hubiera vuelto a volcar su ira contra él, sin tener en cuenta que le generaba un gran dolor, entonces sí sería coherente que se marchara. Porque cuando le muestras tu corazón a alguien, y te quedas mientras esa persona lo maltrata, no solo no te estás amando, sino que además te estás enviando el mensaje de que no mereces el Amor.

Utilizaré el mismo caso de Pablo para poner un ejemplo diametralmente opuesto. Supongamos ahora que la forma de sobrevivir que encontró el inconsciente de aquel niño cuando recibió su primera paliza fue reducir todo el amor que sentía y permitir que la rabia creciera. Esta elección tan fea no deja de ser una maniobra de supervivencia en la que se escoge una posición de atacante como forma de protección y defensa.

En este caso, Pablo, al ir creciendo, habrá ido saltando de una reacción defensiva (y ofensiva) a la siguiente, procurando no sentirse vulnerable, empeñado inconscientemente en alejarse más y más del Amor, convencido de que así podría evitar el dolor, sin darse cuenta de que el dolor permanecerá mientras la herida desde la que surgió siga abierta.

Pero un día Pablo se enamora, y con tal suerte que lo hace de una mujer que le ama de verdad. Lo que sucede en este ejemplo es justamente lo contrario que en el anterior. El día en que Pablo percibe el Amor que emana de su compañera hacia él, siente miedo, un miedo inconsciente y enorme que nubla lo que permanece latente debajo: el quebranto. Ese instante que podía ser tomado como el principio de la sanación de su herida, le empuja hacia una absoluta vulnerabilidad. Y sin saber qué hacer con lo que está sintiendo, él permite que sus inercias habituales y su recelo venzan. En lugar de abrirse a recibir ese Amor, se cierra y lamza a su pareja un montón de palabras, energías y gestos grotescos, para que ella deje de mostrarle lo que él no quiere ver. No es que a él no le importe hacerle daño, es que ni siquiera sabe el daño que le está infligiendo a su compañera; pero, sobre todo, desconoce el que se está haciendo a sí mismo. Para Pablo lo urgente es alejar esa vulnerabilidad recién descubierta y evitar que la mujer descubra que no es digno de su Amor. Y así, sin mirar la fuente de la que mana ese dolor, Pablo se volverá a quedar solo con su rabia, que ahora aumentará por la pérdida del Amor que tanto ansiaba.

Soy consciente de lo complejo que es intentar hablar de nuestras heridas primeras y de las manifestaciones que estas generan en nuestras vidas; no obstante, confío en que estos ejemplos hayan servido como pistas para comprenderlas.

Ante todo, me gustaría que este capítulo nos impulsara a tener siempre en cuenta las posibles heridas ajenas mientras procuramos sanar las propias, porque, a pesar de todo, el Amor existe y cuando se le da la oportunidad, sana y nos sana.

Tampoco debemos perder de vista un tema poco tratado, aunque crucial, relacionado con nuestras heridas y con el Amor: la anestesia. En el ejemplo de Pablo he hablado de su herida primera y de dos maneras usuales de actuar con respecto a este tipo de quebranto. Pero la mayoría de las personas, por pura necesidad de supervivencia y por una incapacidad transitoria para abordar su propio dolor, lo que hacen es anestesiarlo. Así, en algunos casos, se permiten solo un mínimo de consciencia para dolores muy superficiales, que pueden desbocar las emociones, pero que en ningún caso rozan la raíz.

Lo cierto es que vivimos en una época que nos ofrece multitud de anestesias sencillas y asequibles. Algunas, como el tabaquismo o el alcoholismo, están mal vistas. Pero otras, como la adicción a las compras o a los videojuegos, o a salir de marcha, son socialmente aceptadas aunque resulten tan dañinas como las anteriores. La sociedad juzga las anestesias siguiendo baremos que no tienen en cuenta cuánto pueden llegar a deteriorar las heridas que ocultan si no se atienden a tiempo. Lo más peligroso es que estas anestesias, que pueden resultar funcionales en un momento dado, tienden a desembocar en una desconexión del corazón del individuo, hasta tal punto que solo queden la mente y el ego campando a sus anchas, engrandeciendo emociones que van unidas a miedos y que mantienen a la persona alejada de su centro y, por tanto, de su consciencia y de su capacidad de sanar.

Antes de dar por concluido este capítulo en el que hablaré más que en ningún otro del dolor con el que llegamos a cada nueva relación, tengo que sumergirme en una conducta absolutamente demoledora y demasiado común; me refiero a esa actitud de múltiples rostros desde lo que tanta gente expulsa al amor en el momento que se acerca. Resulta cuando menos paradójico (por decirlo sutilmente) que lo que más ansía y necesita el ser humano, el Amor, sea también lo que con tanta frecuencia aleja de sí cuando por fin se le acerca. El porqué de esta conducta tiene que ver, de nuevo, con la herida primera de cada cual. Esta vez, sin usar ejemplos, hablaré de lo habitual; y lo habitual es que por esas heridas primarias muchas personas dejan de sentir amor hacia sí mismas. Tan grave llega a ser su situación y tal cúmulo de desamor se hacina sobre sus lesiones que terminan teniendo una percepción absolutamente distorsionada de sí mismas y no se sienten dignas de ser amadas, sobre todo porque el Amor nos desnuda por completo. Estas personas, por no saber mirarse o por no atreverse a hacerlo, temen ser vistas.

Cuando realmente amas, tu percepción se abre y ves todo, o al menos la mayor parte, de lo que forma a aquel al que amas.

Cuando te enamoras sueles ignorar lo que no te gusta y engrandecer lo que te gusta. Cuando te emparejas desde la necesidad, solo registras lo que, de forma real o ficticia, puede cubrir tus vacíos y tus carencias. Pero cuando amas… cuando amas ves la completitud y la complejidad del ser que hay frente a ti. Y si no lo ves, al menos lo intuyes. En cualquier caso, cuando se ama desaparecen los juicios. Puede que algunas partes de lo que percibes no resuenen contigo o con tu momento; puede que te sorprendan, e incluso que percibas actitudes insanas. Pero desde el Amor observas y aceptas, sin juzgar, sin manipular.

Como digo, esto sucede cuando hay Amor. En caso de apreciar este tipo de «oscuridades relativas» sin sentir Amor, lo normal es criticar, manipular y un largo etcétera no menos corrosivo. Pero claro, hablamos de esa mayoría que no se ama a sí misma y que es capaz de esconderse bajo personajes rancios para no tener que enfrentarse a su dolor, acostumbrada como está a buscar la tara en el otro para quitarle peso a la propia. Hablamos de aquellos que se hacen expertos en inventar excusas para no tener que confrontar su realidad, los que regalan consejos que no llevan a cabo, buscando una posición de supuesta superioridad; una mayoría que ha perdido su propio criterio esencial y ha terminado juzgando de igual forma su oscuridad y su luz sin llegar a distinguirlas. Hablamos de personas que cuando sienten la potencia del Amor, esa que arrecia trayendo verdad, encuentran más fácil el camino de la huida —la misma que les ha valido para sobrevivir, aunque alejándose de sí mismos— que el de ser y el de permanecer. Por muy extravagante que resulte, cuando una persona se ha hundido en estas ciénagas de las que hablamos, atreverse a sentir el Amor y tener la osadía de permitirse ser amado será una de las batallas más épicas que mantendrá contra su ego, contra sus creencias y contra su personaje.

Hay muchas formas de poner en marcha esta huida de la que hablo, muchas inercias, muchas justificaciones y muchas reacciones. Lo importante no es la acción que lleve al individuo —con su ego cargado de razón— a alejar al Amor de sí; lo fundamental es *desde dónde* lo hace. Identificar el motor que lo impulsa desde lo más profundo de su inconsciente, intentando falsamente protegerle del dolor, asegurándole una supervivencia vacua.

Son necesarias altas dosis de valor y honestidad para frenar la inercia y detenerse a mirar al temor a los ojos, en lugar de huir o, lo que es peor, destruir; mucho valor y mucha honestidad para reconocer que lo que empuja desde el fondo son reflexiones de este tipo: «¿Cómo me vas a amar si yo no me amo?» o «Prefiero echarte antes de que me veas como yo me veo y me abandones». Y mucha humildad para acabar con las justificaciones y la imperiosa necesidad del ego de tener razón; para quedarse, para exponerse, para aceptar la vulnerabilidad y darse la oportunidad de descubrir un nuevo estado, si no el más ansiado, al menos uno que se le aproxima.

Reflexionando sobre lo expuesto en este capítulo podremos darnos cuenta de cuán lacerados llegamos a las relaciones de pareja. Sí, solemos llegar con muchas ganas y con esperanzas de que sea «perfecto» o al menos «diferente», pero también con un rastro de ausencia de merecimiento, con heridas abiertas y con multitud de creencias que, como veremos en los siguientes capítulos, no favorecen la entrada y mucho menos la permanencia del Amor.

Si bien esto son simples datos, no deberían mermar nuestra intención heroica de reencontrarnos con nuestra esencia, de amarnos, de amar y de ser amados. Porque a pesar de los datos compartidos, la realidad es que el Amor existe y está al alcance de todos. Está esperando que tengamos el coraje de renunciar a lo que fue, a lo que nos enseñaron y a lo que nos hicieron y nos hicimos, para reinstaurarse como el oasis de nuestra vida.

Solo comprometiéndonos con nosotros mismos en la reinstauración de ese Amor original podemos abrir los caminos de la autosanación y del encuentro con el otro, desprovistos de las barreras diferenciales y las protecciones ante potenciales peligros. Y cuando lo hacemos, transitamos por el sendero que nos muestra nuestras heridas, sus raíces y sus conjuntos. En ningún caso es válida la opción de mirar hacia otro lado, porque, por mucho que nos empeñemos en no mirar, lo que sentenciamos a nuestra zona de sombra o de oscuridad no desaparece, al contrario, se hace más grande. Es mejor ocuparse de lo pequeño antes de que se haga grande y mucho más complejo, delicado o inmanejable.

Tampoco valen las excusas del tipo «Este no es el mejor momento». Solo existe un momento perfecto: el presente. Postergarlo conduce a una desagradable sensación de incapacidad y frustración; no te ayuda. Solo somos conscientes de algo cuando estamos capacitados y preparados para sanarlo. Aplazar la sanación de las propias heridas solo puede traer estancamiento y rabia.

Tampoco vale creer que no podemos, pues nunca sucede o se nos muestra algo para lo que no estamos capacitados. No importa que nuestras creencias, ego, inercias y temores intenten decirnos lo contrario. Lo único que conseguimos cuando permitimos que la idea de la incapacidad venza es desconectarnos de nuestros dones, de nuestra sabiduría, y transformarnos en seres bastante inútiles y dependientes.

Por estos y otros motivos es tan importante profundizar en el amor a uno mismo. Tal como solemos llegar a la edad en la que podemos elegir libremente esta opción, tendremos que cambiar nuestros hábitos mentales y limpiar muchos virus contaminantes; pero, repito, podemos lograrlo.

Aunque sanar las propias heridas puede ser una labor de toda o de casi toda una vida, necesitamos ser conscientes de ellas para poder acercarnos de nuevo a nuestra esencia y al cálido poder del amor que habita en el centro de nuestro pecho. De este modo seremos capaces de identificar las heridas que portan los otros y tratarlos con el respeto y el cuidado que merecen.

Solo después de aprender a mirarte con honestidad y profundidad, solo cuando hayas dejado de esforzarte en camuflar tu sombra y te atrevas a iluminarla, solo cuando hayas cambiado las justificaciones por la aceptación, podrás soportar ser observado bajo la luz del Amor, sin miedo a descansar en tu vulnerabilidad ni a ser descubierto en tu completitud.

Reflexiona

- ¿Conoces tus heridas? Si la respuesta es sí, espero que las estés cuidando no para justificar tu vida, sino para sanarlas.

- ¿Te has detenido a observar tus reacciones más habituales? ¿Has descubierto lo que se esconde detrás de tus inercias?

- ¿Tiendes a protegerte, a diluirte en los otros, a atacar...? ¿Para qué? ¿Qué es lo que intentas evitar o conseguir con tus reacciones y actitudes habituales?

- ¿Temes el compromiso? ¿Tienes miedo de que te abandonen o tiendes a abandonar?

- Si tus reacciones habituales no te están acercando a la felicidad, ¿por qué no pruebas a actuar de una forma diferente (sin miedo y sin esperar resultados)?

- ¿Te has detenido a pensar en las heridas de los otros y en lo que sus reacciones esconden?

JUEGA

EN SUS ZAPATOS

Aunque cuando amas es lo natural, por si solo estamos en prácticas del auténtico Amor, te invito a ponerte en los zapatos del otro. Para mantener una relación desde el equilibrio y la compasión jamás hay que diluirse por el otro, pero sí es imprescindible, de vez en cuando, «pisar» la realidad del otro.

Desde nuestro mapa, desde nuestros propios zapatos, solo tenemos una percepción y un montón de conjeturas respecto a lo ajeno. Tener la capacidad de abandonar tus zapatos (te resulten cómodos o incómodos) para caminar un rato con los de tu pareja, ser capaz de silenciar tu propia historia para procurar sentir como se siente desde la suya, con sus heridas, su día a día, sus necesidades y preocupaciones, te puede cambiar por completo la perspectiva. De hecho, las relaciones serían mucho más ricas si en lugar de competir para ser el que más se esfuerza, el que más sufre, el más incomprendido, etc., tuviéramos la humildad de quitarnos de en medio, de dejar de ser el centro de nuestro miniuniverso y descubriéramos la realidad desde una mirada distinta a la nuestra.

ANTES DE TERMINAR

RECUERDA

- Todos guardamos heridas que aún no han sido sanadas y que tememos que se abran.

- Sanar tu herida implica permitir que la luz pueda alumbrar lo que ha permanecido a oscuras.

- No debemos juzgar las heridas del otro comparándolas con las nuestras. Si estamos transitando por la vía del Amor lo único que debemos hacer es respetarlas, de la misma forma que respetamos las nuestras.

- No debes sentir vergüenza de tus propias heridas, pero tampoco conviene que te vanaglories de ellas.

- Sobre todo, recuerda que a la luz del Amor nada es juzgable y todo es posible.

ALQUIMIA

Llega cuando asumes tu responsabilidad y te ocupas de descubrir y sanar tus heridas; cuando dejas de utilizarlas para seguir haciéndote daño; cuando comienzas a amarte y dejas de abandonarte.

Así, además, comenzarás a ver la realidad oculta en los otros, esa realidad que ellos, por dolor, temen dejar al descubierto. Así comenzarás a respetar y a amar.

CAPÍTULO 6

El apego a las emociones, una trampa muy peligrosa

Para empezar a ser tengo que desapegarme de lo que creo que debo hacer, demostrar o parecer.

En ocasiones necesitamos expresarnos en voz alta para comprender qué nos está pasando o para descubrir el alcance de lo que estamos sintiendo. Y hacerlo está bien. Sin embargo, lo que realmente necesitamos para avanzar, para descubrirnos, para poder trascender nuestros límites y para sanar, es la honestidad profunda, incluso descarnada. Una vez más, como hago en mis talleres, haré hincapié en que ser sincero y expresar lo que crees no es sinónimo de ser honesto. La honestidad no tiene que ver con aquello a lo que se aferra tu ego, sino con esas respuestas que van más allá de lo que te permite mantenerte cómodo y complaciente; tiene que ver con la información que te confronta con tus *para qués* y tus *desde dónde* más íntimos, e incluso desconocidos, esos que una vez alumbrados te pueden permitir conocerte, aceptarte y sanarte para liberarte del círculo vicioso de la reiteración y manifestarte en todo tu esplendor.

Aunque parezca algo intrascendental, ser honesto es indispensable si queremos llegar a conocernos. Y tal y como he venido explicando, si no nos conocemos en profundidad, no podremos comprendernos ni amarnos. Sin estar en íntimo contacto con la verdad no podremos identificar los momentos adecuados para actuar y los idóneos para contemplar, ni tampoco tendremos acceso a los recursos necesarios para sanar o, si es preciso, para cambiar.

Puede que te estés preguntando qué tiene que ver esto con este capítulo o incluso con el libro. Pues, lo cierto es que tiene mucha relación. Nada de lo que he propuesto hasta ahora ni de lo que plantearé en los siguientes capítulos sirve si no se comprende ni se integra lo que voy a exponer en este apartado. No se trata de un gran descubrimiento ni de una panacea; voy a referirme a algo de lo que otros han hablado en distintos momentos y de distintas formas. Sin embargo, no porque esté ya dicho debemos obviarlo, pues contemplando nuestras vidas es evidente que no lo hemos integrado. Y mientras no tomemos plena conciencia de esta realidad, de poco nos va a servir todo lo demás.

Como decía al principio del capítulo, en ocasiones necesitamos expresarnos para comprender qué nos está sucediendo o qué estamos sintiendo o evitando sentir. Estas ocasiones suelen darse cuando alguna circunstancia se repite en nuestra vida y también cuando un evento es aparentemente nuevo para nosotros. Sea como sea, aun teniendo el poder de crear nuestra realidad, tenemos poco que decir sobre las pruebas que hemos de superar para manifestar nuestra esencia de forma absoluta. Y como hemos nacido para reinstaurar el Amor, muchas de esas pruebas van a mostrarse en todo aquello que tenga relación con él, a cualquier nivel.

He visto a muchas personas inmovilizarse y sufrir por estos acontecimientos; yo misma me he trabado más de una vez perdiendo de vista lo fundamental. Y lo fundamental es que, si bien no está en nuestra mano evitar determinadas situaciones, siempre podemos elegir cómo vivirlas. Lo importante no es lo que creo estar viviendo, sino para qué lo estoy viviendo y cómo lo vivo.

Ante cualquier suceso podemos optar por centrarnos en el ombligo de nuestro ego, agarrarnos a las aparentes injusticias, carencias y demás situaciones desagradables, y apegarnos a emociones tóxicas que justifiquen nuestro papel de víctima; o también podemos decidir amarnos y hacer un uso coherente de ese amor para distanciarnos de la situación, bendecirla y, desde el desapego emocional, extraer la enseñanza que guarda para nosotros.

El Universo nunca conspira en nuestra contra. No existen dioses iracundos y vengadores que disfruten con nuestro sufrimiento. Es nuestro ego, acostumbrado a quejarse y a regodearse en lo que no sale como él desea, el que nos sentencia a cadenas perpetuas de aflicción.

Saber que, independientemente de lo que hayamos vivido y de las lealtades ciegas a las que estemos vinculados, siempre, en cualquier momento, podemos elegir una nueva forma de vivir es primordial para comprender todo lo demás. Y también es básico para poder reinstaurar el Amor en nosotros, hacia nosotros y, por tanto, hacia los demás, a quienes, con esta nueva perspectiva, no volveremos a considerar culpables, sino colaboradores en nuestro camino. Claro que para manifestar este cambio no basta con tomar una decisión en el nivel mental; este movimiento requiere de un auténtico compromiso con nosotros mismos; sin él, nos veremos abocados a un tipo de lucha interna que siempre termina en agotamiento, sensación de impotencia y frustración.

Solo los que necesitan justificar su papel de víctimas o verdugos se empeñan en mantener un apego tan grande como tóxico a sus emociones negativas. Elegir la pertenencia en la que los egos se alían compartiendo sufrimiento o incluso compitiendo con él nunca es sinónimo de Amor.

Con esto no quiero decir que debamos apegarnos a las emociones positivas. Lo idóneo es observar y dejar ir cualquier emoción; vivir el presente desde el corazón y no desde la mente, que es la que traduce los pensamientos en la química de las emociones y en sus repercusiones.

La vida es mucho más sencilla cuando soltamos y nos desaferramos. Solamente descargándote de pasado, sabiendo que no tienes nada que perder y sí todo por ganar, la existencia es más sencilla y auténtica.

Vamos a explicar de una forma más «científica» lo que es una emoción: la manifestación química que se produce en nuestro cuerpo como respuesta coherente y física a un pensamiento.

Si comprendes esto te darás cuenta de que, dependiendo del tipo de mensajes que repitan «las voces de tu cabeza», crearás un mundo emocional del que te puedes sentir prisionero o gobernante. De esta manera, las personas que consciente o inconscientemente repiten frases que expresan juicios contra los otros, hasta convencerse de que el mundo y las personas no son dignos de confianza, están generando y alimentando de forma constante emociones de temor y probablemente de estrés. Por el contrario, aquellos que repiten de forma consciente o inconsciente frases de agradecimiento están generando y alimentando emociones de satisfacción que les permiten descubrir y disfrutar lo que la vida generosamente les ofrece.

Sí, esto va más allá de la producción de unos compuestos químicos que navegan en nuestro torrente sanguíneo haciéndonos sentir de una manera determinada. La repetición de nuestros pensamientos, aderezados con su expresión emocional, van manifestando las circunstancias que concuerdan con esos pensamientos y creencias para «darnos la razón». Así, quienes creen que hay que desconfiar del mundo y de las personas se tropezarán con todo tipo de malandrines, que les servirán como excusa para mantener el círculo vicioso de sus pensamientos; de este modo alimentan sus emociones negativas y se hacen daño a ellos mismos. Igualmente, las personas que sienten que el mundo es un lugar confiable atraerán circunstancias que confirmen sus creencias positivas y aumenten sus emociones sanas.

Siempre digo que la peor de todas las adicciones es la adicción al pensamiento negativo que, a su vez, te hace adicto a emociones insanas. Y como sucede con el resto de las adicciones, depende únicamente del adicto liberarse de ella. La idea de no poder manejar el propio pensamiento no es más que una excusa de las personas que no se responsabilizan de sí mismas, de la gente que no está dispuesta a cambiar. Y si no te responsabilizas, si no estás dispuesto a hacer por ti lo que puedes, el Amor no es más que una quimera inalcanzable. Si te mantienes a ti mismo secuestrado en ese bucle de pensamiento y emoción negativa, es imposible que abras las puertas a todos los cambios que conlleva el Amor, porque los sentimientos que esto generaría son contrarios a las emociones a las que estás enganchado. Es más, inconscientemente buscarás relaciones que te sirvan para aumentar tus emociones tóxicas mientras mantienes tu apego a ellas. Así, soltarás rápidamente los sentimientos positivos mientras actualizas, engordas y argumentas las emociones negativas a las que estás apegado; ellas te sirven para sentirte infeliz pero seguro, y, lamentablemente, le dan una identidad a tu ego.

Pongamos un ejemplo que seguro que has visto en alguien o has vivido en carne propia. Todos nosotros existimos en un Universo que no ofrece garantías, o al menos no las que desearía nuestro ego. Aun así, e incluso sabiendo que no tenemos control sobre las circunstancias y acasos que puedan conformar nuestra vida, hay muchas personas que se empeñan en vaticinar futuros fatídicos para ellas. Da igual si en esos posibles futuros están solos, si se han arruinado, si se encuentran gravemente enfermos o… No importa si son vaticinios a largo o a corto plazo, pues, sea como sea, están robándose su presente y se están arrojando a una fosa llena de los químicos generados por el miedo y el pensamiento, todos ellos dañinos. De tanto permanecer sumergidos en esa fosa, como si no pudieran hacer otra cosa, terminan siendo adictos a las sustancias químicas que su cuerpo físico segrega por vivir en la preocupación y en el miedo, hasta tal punto que, de forma inconsciente, desecharán la calma que podría llenar su presente y también las vías que les pudieran llevar a la seguridad que tanto parecen anhelar.

Este ejemplo está basado en un tipo de personas que enfocan su mente en posibles futuros, pero sucede lo mismo con las que se quedan enredadas en su pasado; más concretamente, en rememorar las emociones que una circunstancia remota les generó. Esto, con mayor o menor intensidad, lo hacemos todos mientras vivimos atrapados en nuestra *inversión de vida*, es decir, mientras no nos damos el permiso de soltar aquello con lo que se ha identificado nuestro ego, aquello que nos otorga una identidad que asegura la pertenencia a un clan. Y lo hacemos actualizando en nuestra mente los peores sucesos, los momentos más duros y las emociones más traumáticas; lo hacemos sin saber que nuestro inconsciente no diferencia el pasado del presente y que aquello que actualizamos en nuestra mente genera la segregación de las mismas sustancias químicas que cuando sucedió aquel episodio que hoy queda lejos.

Ocurre exactamente lo mismo con la reiteración de las frases o los decretos sobre nosotros, sobre los otros y sobre la vida que repetimos mentalmente de forma más o menos consciente. Sí, la cantinela reiterativa de nuestras creencias llena nuestro caudal sanguíneo de una química particular que nos hace experimentar determinadas emociones, como miedo, ira, desconsuelo, asco..., incluso cuando no existen sucesos que las justifiquen. Lo peor de todo es que, si no somos conscientes de esto y nos hacemos adictos a tales emociones hasta el punto de creer que forman parte de nuestra personalidad, terminamos finalmente atrayendo esos sucesos que ratifican nuestras creencias.

Como iremos viendo, podemos mantener el apego a una emoción, por dañina que nos resulte, bien para mantenernos fieles a lo que se espera de nosotros, bien para no perder el sentido de identidad del personaje que nos han dicho que debemos ser o bien para no defraudar o no superar a nuestros padres, o incluso para evitar la felicidad. Es más, podemos ser adictos a las emociones negativas porque solo padeciéndolas nos sentimos vivos. Pero sea cual sea la razón que nos mantiene enredados en ese apego, una vez descubierta y alumbrada con honestidad, podemos elegir liberarnos de él. Podemos elegir vivir de otra manera.

Las emociones no son ni malas ni buenas; de hecho, son necesarias. Como sucede con casi todo, lo que las convierte en sanas o insanas es el uso que hagamos de ellas. Y si es cierto que podemos usarlas para destrozarnos la vida y alejarnos del amor a nosotros mismos, es igual de cierto que podemos utilizarlas para crecer y acercarnos al Amor.

Reflexiona

- ¿A qué emoción o emociones eres adicto? ¿Para qué? ¿Qué obtienes al sentir de forma reiterada estas emociones?

- ¿Eres consciente de que tu realidad es un reflejo de tus creencias?

- ¿Qué creencias mantienes como si definieran de forma categórica la realidad?

- ¿Estás dispuesto a elegir la paz o necesitas el conflicto para sentirte vivo?

- ¿A qué emociones pasadas o presentes tienes apego? ¿Cuáles no quieres dejar ir e impiden que la vida te ofrezca lo nuevo, lo mejor?

- ¿Tienes el valor de soltar tu pasado y desapegarte de tus emociones, así como de la imagen que alimentas y proyectas de ti?

- ¿Usas tu apego a emociones negativas para mantener tu experiencia llena de culpables y justificaciones y vacía de Amor?

- ¿Qué emoción lidera tu vida?

Las creencias y lealtades ciegas

La herencia a la que todos deberíamos renunciar
es aquella que nos aleja del Amor, aquella que perpetúa
el sufrimiento y mantiene la idea de separación.

Prefiero abrir un apartado para profundizar un poco más en las lealtades ciegas, una herencia que puede empujar a muchas personas a llegar al final de sus días sin darse la oportunidad de descubrir el gozo del compartir y el deleite de mantener relaciones sanas y equilibradas (en ningún caso se me ocurrirá decir perfectas, y menos si nos referimos a las relaciones de pareja).

No considero que nadie sea una pobre víctima de sus ancestros y de las circunstancias vividas por estos. Sin embargo, debemos tomar conciencia de la tela de araña en la que nos atrapan nuestras lealtades ciegas y del malicioso apego a las creencias, emociones e inercias que las alimentan, para poder cortar esos lazos que tanto pesan y que a menudo nos alejan de nuestra esencia y nos imposibilitan alcanzar la felicidad, dado que ni siquiera somos conscientes de su existencia.

Todos atesoramos creencias que no siempre son enriquecedoras y potenciadoras. Del mismo modo, todos estamos condicionados por las lealtades ciegas a nuestro clan de origen, que a menudo son las propias raíces de esas creencias limitadoras y enfermizas que nos alejan de la realización. Debido a ello, lo que buscamos, esperamos y exigimos en una relación afectiva, así como la percepción del amor que tenemos, se tornan muy pequeños y personales. Expresado de otra forma, el permiso que nos demos para amar y para ser amados y la fe con la que seamos capaces de abrir nuestro corazón van a depender directamente de nuestras creencias y nuestras lealtades ciegas. Por eso es tan importante ubicarlas, entenderlas y, sobre todo, tener el coraje de trascenderlas.

Comencemos con lo sencillo, aunque no por ello mejor comprendido; veamos un ejemplo de creencias limitantes muy común, que espero que deje de serlo en próximas generaciones (si pudiera ser en la próxima, mejor). Muchísimas mujeres han crecido escuchando decretos bastante negativos acerca de los hombres, comentarios constantes acerca de lo malos, egoístas, mentirosos o infantiles que son... Son juicios que las madres han oído a las abuelas, han hecho suyos y han repetido a sus hijas. Pero como todos los juicios, no siempre resultan ciertos, o mejor dicho, reflejan solo una pequeña parte de la realidad. Por supuesto, existen hombres así; pero también hay hombres buenos, generosos y empáticos, honestos, maduros... Lo que sucede es que cuando una mente se alinea con un verbo monótono que reitera una y otra vez un juicio como si de un dato se tratara, el inconsciente absorbe esa percepción y «fuerza» al Universo o a la vida para manifestar esa creencia a su alrededor.

Así, todas esas mujeres que repiten esos juicios como si fueran verdades absolutas se reafirmarán una y otra vez en su autoengaño al cruzarse únicamente con patanes.

Nuestras creencias nos empujan a manifestarlas, y así es como nuestro ego sigue teniendo razón mientras nosotros, inconscientemente, nos robamos el permiso de ser felices. Esta es la causa por la cual, si una mujer cree, en el fondo, que los hombres son malos, solo se encontrará con truhanes para corroborar su verdad. Hasta que no tome conciencia de que su creencia solo es una opción, no podrá descubrir cuán amplia y diversa es la realidad. No se dará una oportunidad de cruzarse o de sentirse atraída por otro tipo de hombres.

Pero este conjunto de *no verdades* volcadas por las mujeres de una generación sobre las de la siguiente no solo daña a esas mismas mujeres, sino que también lacera la percepción que los hombres tienen de sí mismos, empujándoles a sentirse indignos y desconectados de lo mejor de sí. Además, activan —en muchos hombres y mujeres— un conflicto que no debería existir con su parte yang, la que simboliza la polaridad masculina, que en ningún caso es sinónimo de maldad, ira, egoísmo u oscuridad. Y como hemos venido viendo, si estás en lucha con una parte de ti, si no te aceptas y te abrazas en tu completitud, manifestarás ese conflicto de forma externa, atrayendo a las personas idóneas para que veas el concepto que tienes de ti y cómo tratas a esa parte de ti que no quieres reconocer.

Confío en que este ejemplo sirva para comprender que es así, erguidas sobre creencias tan lapidarias como tóxicas, como surgen demasiadas relaciones de pareja, lo cual no ayuda a ninguna de las dos partes a hallarse a sí mismas ni las impulsa en el camino de la realización y el amor. Y que sirva también para entender que si una relación se basa en este tipo de creencias se convertirá en una contienda continua que con toda probabilidad acabará mal. Es muy poco sanador y nada amoroso colgar carteles de culpable y regodearse en la queja de las supuestas injusticias. Ante este tipo de situación tenemos dos opciones: la primera es la que acabo de describir, y esa solo te llevará a una repetición desagradable de las mismas situaciones con actores diferentes. La segunda es observar las inercias que nos han abocado a este desenlace y hacernos cargo de nuestras elecciones mientras sanamos las heridas que han quedado abiertas y avanza en la transmutación de las creencias de las que hemos sido esclavos.

Sí, es evidente que para cambiar esto primero hay que tomar conciencia de las creencias que están sembrando los surcos de nuestra experiencia. Después hay que darse cuenta de que esas creencias, por mucho que la vida «nos haya dado la razón», no son la única verdad; siempre hay otras opciones. Y, por último, hay que estar dispuestos a cambiarlas. Y entonces es cuando llegamos a un punto no tan sencillo, la insondable niebla de las lealtades ciegas… ¡¿Cómo te vas a atrever a cambiar una creencia heredada de madres a hijas!? ¡¿Cómo te vas a atrever a ser feliz cuando ellas renunciaron a sí mismas, al Amor y por supuesto a la felicidad!? ¡¿Cómo vas a elegir mantener lealtad solo a tu esencia, a ti, y «pecar» de deslealtad a tu familia!? ¡¿Cómo te vas a atrever a superarlas!?

Las lealtades ciegas afectan al ámbito de las relaciones y la pareja, pero también a la abundancia y a todo lo relacionado con esos derechos sagrados que pueden embellecernos el camino.

Las lealtades ciegas, por complejas y absurdas que resulten para la mente consciente, consisten en pactos tácitos que se han asumido como obligación al pertenecer a una determinada familia. Surgen como una especie de honra absurda al sufrimiento de nuestros ancestros, desde el que muchos se prohíben a sí mismos alcanzar el éxito, el Amor y la compleción a cualquier nivel, para no incomodar —mostrando que era posible vivir de otra manera— a los que fueron antes que él.

Es por este motivo que, a menudo, cuando alguien intenta transformar una creencia muy arraigada desde su infancia, se encuentra con resistencias inconscientes que le llevan a dudar, a justificar sus dudas, a postergar y finalmente a conformarse.

En estos años de trabajo con otros y conmigo misma, he encontrado un recurso sencillo para identificar las lealtades ciegas, aunque para ponerlo en práctica hay que hacer uso del sentido común y, como siempre, de la honestidad. Una lealtad ciega queda descubierta cuando te das cuenta de que mantienes una actitud que va en contra del sentido común.

Pondré un ejemplo real para aclarar mejor esta cuestión. Gabriel es un hombre que, a lo largo de su vida, ha tenido éxito en todo lo que se ha propuesto. Hace años que fundó una empresa que le ha reportado grandes beneficios desde el principio. Todo marcha bien en su vida hasta que conoce a una mujer de la que se enamora profundamente: Sienna. Sienna es una mujer exitosa y también se enamora de él; ambos se complementan. Gabriel y Sienna deciden compartir sus vidas y, desde que toman esta decisión, los negocios de Gabriel comienzan a ir mal. Desde el sentido común, puesto que lo único que ha cambiado es que Gabriel se ha unido a una mujer que también vibra en el éxito, no tiene ningún sentido que su economía y sus negocios comiencen a deteriorarse. Además, no hay ninguna parte de él que desee esta nueva realidad en la que su economía se desestabiliza, ahora que ha encontrado el amor. Bien, como he dicho, estamos ante un ejemplo real en el que se activó esta lealtad ciega: «O amor o dinero». Gabriel creció en una familia en la que esta premisa había enraizado en todos sus miembros. De hecho, todos ellos tenían dinero y también pareja, pero no Amor. Él no había reparado en este dato, pues para su consciente no fue una creencia hasta que su lealtad inconsciente le empujó a tener que elegir, como si no se pudieran tener las dos cosas al mismo tiempo.

¡Frenemos! Sí se pueden tener las dos cosas al mismo tiempo; lo que ocurre es que si durante generaciones se ha ido heredando la creencia contraria, en algún momento alguien dentro de esa familia tendrá que renunciar a mantener esa lealtad al clan y estar dispuesto a dejar de pertenecer al clan para liberarse y también liberar.

Te pondré otro ejemplo que también es real. Adrián adora a su mujer, Hannah, y la trata como a una princesa. Su vida marcha realmente bien en todos los aspectos hasta que su mujer comienza a brillar profesionalmente. El sentido común de Adrián le dice que debe apoyar a Hannah, y desea que ella también tenga éxito; sin embargo, de forma inconsciente, no para de boicotearla. A pesar de eso, Hannah continúa avanzando por su nuevo sendero profesional; pero cuanto más avanza ella, más incómodo está él. Es evidente que esta tensión entre el sentido común y el tirón que generan desde el inconsciente las lealtades ciegas es altamente incómoda, desgastante y destructiva. Es más, cuando no nos detenemos a examinarlas y nos dejamos arrastrar por ellas, pueden acabar con todo lo hermoso de nuestras vidas. En el caso de Adrián, en todas las generaciones anteriores a él las mujeres habían dependido de los hombres, hasta tal punto que en su árbol genealógico estaba tatuada la creencia de que las mujeres independientes no eran de fiar. Era una creencia, no un dato comprobable: no era la verdad.

Pero igual que sucedía en el ejemplo anterior, cuando una creencia, por muy tóxica, deshonesta y limitante que sea, ha sido contagiada generación tras generación, está tan infiltrada en el sistema que ni siquiera es visible: por eso se las conoce como lealtades ciegas. Y, también como en el ejemplo anterior, una vez que ha aflorado la lealtad y se ha hecho visible, Adrián tendrá que elegir si mantenerse fiel a ella, y por tanto a su familia de origen, o hacer acopio de su atención, de su honestidad y de su valor para actuar desde el Amor, reactivando la lealtad a sí mismo y liberándose de lo que ni es ni quiere ser él.

Confío en que estos ejemplos te hayan servido para comprender lo sencillo que es, en el fondo, descubrir nuestras lealtades ciegas. Sin embargo, tan importante como saber en qué consisten es entender que no podemos liberarnos de ellas desde la rabia, la irresponsabilidad o el hartazgo. Solo podemos hacerlo desde la consciencia, desde el amor, por el amor y para el amor, activando la lealtad más necesaria de todas: la lealtad a nosotros mismos.

REFLEXIONA

- ¿Qué personajes interiores, creencias o emociones son las que te empujan a crear tus circunstancias?

- ¿Temes alcanzar una felicidad que tus ancestros y familiares colaterales no se han permitido?

Tus lealtades son tu responsabilidad

Mi mayor responsabilidad es
convertirme en quien he nacido para ser.
Toda lealtad que vaya en mi contra
me aleja de mi propósito divino
y me deja perdido en la tortura de una vida sin sentido.
Es a mi propia alma a quien le debo lealtad,
ya que es mi alma quien más me necesita
y a quien necesito yo.

Como me consta que este es un tema que le pone los pelos de punta al inconsciente hasta bloquear la capacidad de entendimiento, intentaré explicarlo con un ejemplo casi hermoso.

Imagina que un grupo de almas ha pactado encarnar para construir una gran pirámide. Su pacto establece unos relevos en los que unas almas nacerán de las otras y continuarán con la labor que esté inconclusa hasta su culminación. No tienen prisa y todas son conscientes de que no resultará una tarea sencilla, pero saben que son capaces y desde esa conciencia se comprometen con la realización de la pirámide.

El primero de este clan en encarnar, con la información del compromiso adquirido latente en su inconsciente, diseña los planos y se pone manos a la obra. Este iniciador sabe que de su buen hacer depende, en parte, el destino de los que nazcan después de él y de la posterior conclusión de su misión. No le importa saber que morirá sin verla acabada, solo le importa hacer lo que ha nacido para hacer, cumplir el compromiso de su alma, su parte del plan. Y esto se repite generación tras generación hasta que, en una de ellas, el encargado del proyecto no cumple su parte. Puede que perdiera los planos, o que fuera asesinado, o que, por algún motivo incomprensible (para nosotros), se abandonara a sí mismo y eligiera autodestruirse. Lo importante no es la razón por la que rompió esta cadena convirtiéndola en un pacto oscuro de frustración y sufrimiento. Lo significativo es el nuevo pacto que se genera como consecuencia de este escollo. Por alguna sádica razón, las personas que han roto sus pactos de luz, de construcción, de transformación, de evolución, desean que los que vengan después de ellos repitan su propio desastre. Así no tendrán que enfrentarse a la realidad, que les mostraría que ellos también podían haber hecho lo que habían nacido para hacer si no se hubieran escondido tras la cobardía, la pereza o lo que utilicen para justificarse.

Nada ni nadie es jamás culpable de que abandonemos nuestra vía de potencialidad, solo nosotros, escondidos tras nuestro ego, nuestro miedo y nuestras excusas; solo nosotros abandonándonos a nosotros mismos. Por eso, ten en cuenta dos cosas: la primera es que, igual que un pacto hermoso se puede convertir en un infierno, también puede transmutar hasta volver a brillar de forma divina; y la segunda es que el pacto que todos compartimos es el de reinstaurar el Amor, el de recordar con cada partícula que somos una parte de Dios que nunca ha sido abandonada ni alejada de la fuente (más que en la apariencia que proyectan la ignorancia y el sufrimiento que se deriva de esta). Ese es el pacto que firmó nuestra alma, y a quien realmente le debemos lealtad es a esa parte sabia y grande de nosotros que se reconocía capaz de cumplir con su propósito de vida. No cambiemos esa lealtad por lealtades menores a personas que han decidido alejarse de sí mismas para navegar perdidas en el «más de lo mismo», en la incapacidad, en la frustración, en la ignorancia y en el sufrimiento. No dejemos de ser tan felices como podamos, aunque otros antes que nosotros hayan decidido no serlo. No colaboremos en mantener viva la sentencia de desamor heredado por miedo a quedarnos solos.

REFLEXIONA

- ¿Eres leal a tu corazón o priorizas lo externo con argumentos y justificaciones que disimulan tu miedo a ser rechazado o a la soledad?

- ¿Puedes identificar las lealtades ciegas que guardas hacia tu familia? ¿Qué pierdes y qué ganas al no liberarte de ellas?

ANTES DE TERMINAR

RECUERDA

- Tus emociones son tu responsabilidad, son un reflejo de tus pensamientos, y solo tú puedes transformar tus pensamientos.

- Si no mantienes una salud emocional y mental no puedes amarte ni permitir que te amen. Por mucho que te repitas a ti mismo que buscas el Amor, la realidad es que solo estarás buscando relaciones tóxicas para reafirmar tus creencias tóxicas.

- Cuando haces un buen uso del Amor puedes distanciarte de las situaciones, bendecirlas y, desde el desapego emocional, discernir la enseñanza que encierra para ti.

- El Universo nunca conspira en nuestra contra. No existen dioses iracundos y vengadores que disfruten con nuestro sufrimiento; es solo nuestro ego, acostumbrado a quejarse y a regodearse en lo que no sale como él desea, el que nos sentencia a cadenas perpetuas de aflicción.

- Mientras vivas un conflicto en tu interior buscarás ese mismo reflejo en tu exterior. Mientras vivas en guerra contra ti mantendrás cerradas las vías del Amor y abiertas las puertas del miedo.

- Lo importante no es lo que crees estar viviendo, sino para qué lo estás viviendo y cómo lo vives.

- Tu mayor compromiso es y debe ser contigo mismo a nivel esencial. Solo a ti y a ese compromiso le debes lealtad.

- Has nacido para Amar y para ser amado. Has nacido para ser feliz. Solo tú puedes limitarte aceptando como propios los límites de los demás.

ALQUIMIA

Llega cuando eres consciente de tu poder y te comprometes contigo mismo a soltar lo que te hace daño, aunque eso implique una desidentificación con lo que hasta hoy ha sido tu vida.

Llega cuando tienes el valor de elegir siempre lo que te da paz.

Capítulo 7

Una pareja no está formada solo por dos

Será mejor que procuremos que entre tú y yo
crezca algo más que la sombra de nuestro pasado.

Independientemente de si lo sabemos o preferimos ignorarlo, estamos contaminados por «virus» que desde nuestro nacimiento, e incluso antes, marcan tendencias en nuestros comportamientos y enraízan en nuestro consciente y en nuestro inconsciente, generando muchas de nuestras inercias y creando, por tanto, nuestras circunstancias, incluidas aquellas de las que nos empeñamos en huir y las que no comprendemos y nos hacen sufrir.

Gran parte de nuestro aprendizaje tiene lugar a través de la imitación. E imitamos —hasta cuando no son dignos de imitación— a los que han sido nuestros primeros referentes, o sea, nuestro padre y nuestra madre: sus conductas, sus comportamientos y también sus sufrimientos. Y ese aprendizaje por contaminación o imitación nos crea surcos neuronales que más tarde se transforman en los valores, actitudes y creencias que van conformando nuestra personalidad y manifestando nuestras circunstancias.

Asumimos, sin ser nuestros, los miedos, las debilidades y los conflictos de aquellos que nos han criado; de los que nos han contado, con su ejemplo, cómo es la vida; de las personas que han sido nuestro sol y nuestra luna durante años; de esos a los que hemos amado tanto. Lo terrible es que, al asumir como propias sus sombras y las pequeñas estanterías en las que ellos han embutido su minúscula parcela de realidad, tendemos a olvidarnos de la gran realidad. Y solemos alejarnos de nuestra esencia, secuestrados por un personaje dantesco que termina tan incrustado en nuestras células que nos engaña hasta convencernos de que no existe otra posibilidad; nos empuja a la repetición o a la absoluta oposición a las conductas, las heridas y los automatismos de aquellos que fueron antes que nosotros.

Este contagio del que estoy hablando no solo afecta al ámbito de nuestras relaciones. Sin que nos demos cuenta, suele profanar todos los ámbitos de nuestra vida.

Este tipo de «virus» se infiltra sutilmente en nuestras mentes desde que estamos dentro del vientre de nuestra madre. Una vez fuera de ella, se adereza con los comportamientos, las memorias, las herencias y las emociones de nuestros padres, haciéndonos pensar que no hay otros caminos, que para nosotros tampoco habrá otras oportunidades. Esto, combinado con el karma (aquello que debemos aprender) individual y las lealtades ciegas, va dando forma a la mochila que cada uno porta como lastre y parece ser tan real que puede terminar nublando la verdad, la magia que todo lo puebla, y, por tanto, el Amor.

Pero todo ello puede cambiar. Recuerda que podemos liberarnos de nuestras cargas, sean cuales sean. Para hacerlo necesitamos mucha humildad, mucha consciencia, mucha paciencia, mucho valor, mucha honestidad y un gran compromiso con nosotros mismos. No se me ocurriría decir que lograrlo es sencillo, pero sí aseguro una vez más que es posible, y este es el dato que verdaderamente importa.

Hay que tener presente que es muy diferente lo que significa el Amor de lo que terminamos buscando, esperando, u ofreciendo cuando estamos atrapados por creencias limitantes. Cuando nos dedicamos a repetir (sin reparar ni sanar) patrones aprendidos que no han llevado a nuestros ancestros hasta la felicidad, la serenidad y la plenitud. Cuando estamos atrapados en el miedo, en la ausencia y en la escisión de nuestra identidad real.

Por desgracia, son muy pocos los que se han criado arropados por unos padres que se amaban de una forma auténtica, sana y consciente, a sí mismos y entre ellos. Lo usual, incluso si has nacido de una pareja que ha permanecido unida hasta el final de sus días, es que mantuvieran esa unión apoyándose en sus miedos o en sus carencias, incluso en la «seguridad» de su monotonía, pero no en sus puntos fuertes, aquellos desde los que se puede compartir, descubrir, crecer y disfrutar. Cualesquiera que hayan sido tus experiencias en tu hogar de origen, incluso las más nocivas, se te habrán infiltrado hasta los rincones más profundos del inconsciente como algo normal, o incluso como la única opción. Y desde la impregnación de este patrón de comportamiento, sin darte cuenta y sin querer, lo repetirás. O te polarizarás en su extremo opuesto cuando te empeñes en huir de él.

Ejemplificaré lo que estoy diciendo. Imagina que una niña llamada Alba ha nacido y se ha criado en un hogar en el que ha mamado la falta de derechos de la madre frente a la supremacía del padre. Su madre, con un patrón de víctima conciliadora, ha relegado de forma constante sus necesidades, sus deseos y sus sentimientos; en definitiva, su vida y a sí misma. Puede que lo importante para ella fuera que su marido, el padre de su hija, fuera «feliz», o simplemente temía que la pudiera abandonar; por eso, ella se fue desdibujando hasta convertirse en un simple felpudo. Por su parte, el padre dejó muy pronto de registrar las heridas, las necesidades y todo lo que tuviera que ver con su mujer (evidentemente porque desconocía las propias). Su egoísmo creció hasta abarcar no solo a la madre de su hija, sino también a su propia hija, y puede que a todas las mujeres.

Seguro que ambos estaban repitiendo conductas aprendidas desde su nacimiento sin ser conscientes del daño que se hacían, tanto a sí mismos como entre ellos, y también a su hija. Pero lo que nos ocupa aquí son las posibles reacciones de Alba.

Como por el mapa que he pintado es muy probable que Alba no se sintiera nunca importante ni especial para su padre, partimos de una herida que, como ya hemos visto, le va a pasar factura más tarde. Por otro lado, lo que Alba ha tenido la oportunidad de ver en sus progenitores son dos comportamientos igualmente desequilibrados e insanos: el de la víctima en su madre y el del verdugo en su padre. Lo malo es que si ha carecido de más referentes puede llegar a creer que esos arquetipos son los únicos que existen. Si este es el caso, se verá obligada a elegir entre uno de los dos modelos, y preferirá aquel con el que considere que va a sufrir menos. Así, será inconscientemente empujada a optar por conformarse y marchitarse, como su madre, o convertirse en una tirana egoísta, como su padre.

¿Por qué es importante tener esto en cuenta? Porque incluso en el caso de que Alba, con el tiempo, realice un trabajo personal profundo para transformar sus creencias y sus inercias, cuando mantenga una relación amorosa estable, en el momento en que viva un conflicto o un desencuentro con su pareja, con casi total seguridad emergerá uno de los dos arquetipos que han marcado sus orígenes.

Como sucede con todo lo demás, podrá detenerse antes de reaccionar como lo harían su padre o su madre, y observar qué es lo que ha activado ese disparador dentro de ella. Podrá analizar sus miedos, sus puntos vulnerables y todo lo que aún deba ser sanado, para no terminar enredada en un bucle de repetición-oposición. Y para hacerlo tendrá que asumir que esa herencia que debe transformar la ha llevado a emparejarse con alguien que puede, con sus propios comportamientos, poner de manifiesto sus heridas y sus rutinas mentales y emocionales. De hecho, mientras Alba no se descubra y se acepte y manifieste plenamente, estará lastrada por el peso de los arquetipos que la acompañaron en sus primeros años. Es más, mientras la protagonista de nuestro ejemplo no reinstaure el Amor hacia sí misma, será prisionera de las lealtades ciegas a su clan y ni se permitirá ser feliz ni reconocerá que merece la felicidad, el Amor y la fluidez que sus padres no quisieron o no supieron otorgarse. De hecho, si la posibilidad de manifestar esta opción, opuesta o mejor a la que percibió en su familia, se hiciera inminente, se sentiría culpable y la desdeñaría o inconscientemente la boicotearía.

Por desgracia, las lealtades ciegas no identificadas, no sanadas y no liberadas nos impiden alcanzar cotas de felicidad que superen a las que han logrado nuestros padres. En el caso de las mujeres, esto suele ser mucho más notable debido a las lealtades que mantienen hacia sus madres y hacia el sufrimiento que ellas mismas padecen, aunque con los hombres también ocurre. De cualquier modo, es muy difícil encontrar parejas formadas por ancianos que irradien amor y no costumbre o, incluso, aborrecimiento mutuo. Y estos cimientos de emparejamiento desde el miedo, el conformismo y la tradición son un abono terrible donde el Amor, en lugar de aflorar, muere antes de nacer.

Si este ejemplo no es suficiente, piensa en cuántas veces te has visto involucrado en relaciones que, pasada la fase de enamoramiento, te han recordado, no sin tristeza, rabia o frustración, a la relación de tus padres. Si esto te sigue sucediendo es porque no has comenzado a transformar tus creencias limitantes de origen, que integraste desde la imitación y te hacen ver como normal lo que no es Amor.

Profundicemos un poco más. Piensa en tus padres y, con honestidad, responde a estas preguntas:

- ¿De quién buscabas o necesitabas más muestras de afecto?
- ¿Con cuál de ellos sientes que te falta algo por poner en orden o por sanar?
- ¿Por cuál te has sentido menos reconocido, menos visto, menos amado?
- ¿Con cuál no te sientes en paz?

Seguramente la respuesta coincida en las cuatro preguntas. Imaginemos que tu respuesta se refería al padre. Si es así, me atrevo a asegurar que te has emparejado con personas que, sin saberlo, repetían las actitudes que menos bien te hacían cuando las recibías de tu padre. O puede que hayas buscado *dobles en oposición*, o sea, personas que hicieran absolutamente lo opuesto a tu padre. Por ejemplo, personas que reconocían tu belleza, algo que nunca hizo tu padre; o personas que te ayudaron económicamente, cosa que tampoco hizo él. Si es así, lo que buscas inconscientemente es lo mismo: sanar la herida y salir del bucle de dolor.

En el caso de que hayas buscado *dobles idénticos*, cada vez que vivas una actitud que ya viviste en el pasado, en tu familia de origen, lo normal es que, en un plano más o menos profundo, más o menos consciente, se reactive el mismo dolor que ya sentiste, el que te quebró provocándote una herida que aún no ha sanado. Lo idóneo es que, si te sucede esto, no te quedes detenido en esa reiteración que te puede empujar hacia el sufrimiento. Lo más sano sería que observaras tus reacciones verbales, mentales, de comportamiento y emocionales, y que revisaras para qué y *desde dónde* te has vuelto a ver entrampado en la misma situación.

Además, deberías revisar cuál era la relación de tu madre con tu padre, ya que, a menudo, lo que repetimos (por lealtad ciega) es esa misma relación; es decir, que además de arrastrar las carencias que generaron algún tipo de herida por los comportamientos conscientes o inconscientes de nuestros progenitores hacia nosotros, estamos enredados en una repetición de su relación, que comienza a manifestarse en nosotros desde nuestros primeros años, porque de esos referentes que son nuestros padres aprendemos lo que se supone que es el amor. Así, del progenitor del sexo opuesto aprendemos cómo nos deben amar, qué podemos esperar de los otros. Y del progenitor de nuestro mismo sexo aprendemos cómo amarnos. Da igual si conscientemente estos patrones no nos sirven, ya que en nada se asemejan al Amor; inconscientemente nos estarán guiando hasta que los alumbremos con todo el poder de nuestro ser y renunciemos —desde el Amor, por el Amor y para el Amor— a ellos, en pos de convertirnos en quienes hemos nacido para ser, dispuestos a asumir el riesgo de cumplir nuestro propósito de vida: reinstaurar el Amor.

Permíteme volver al ejemplo de Alba para explicarlo. En su caso, su madre era la víctima y se había desdibujado esperando que su marido, el verdugo, se quedara a su lado y la quisiera. Lo normal es que Alba, desde su primera infancia, aprendiera —tal como le mostraba su madre— que no era digna de ser amada, que solo podía desdibujarse formándose un personaje adecuado a lo que creía que quería su padre, para así, con suerte, conseguir su afecto. Mientras, al alejarse de su auténtica esencia, emborronaba lo que realmente necesitaba, su propio Amor. Por otro lado, Alba aprenderá —tal como le mostrará su padre— que, por muchos disfraces que utilice y muchos esfuerzos que haga, no va a recibir amor de los demás. Lo común, partiendo de este caldo de cultivo, es que cuando crezca mantenga sometida a una lealtad ciega a la línea sanguínea de sus antecesoras y se vea impulsada a repetir la vida de su madre; se encontrará circunstancias distintas en la forma pero idénticas en el fondo. Y esta repetición reforzará su miedo y la pobre opinión que tendrá de sí misma y del Amor.

Si, por el contrario, para sobrevivir al ambiente enfermizo en el que se ha criado, opta por emular a su padre (verdugo), también repetirá la historia de sus progenitores, solo que desde el papel

124 | REGRESA A TI

antagónico al de su madre, lo cual no generará ninguna mejora en su estado interior ni en su camino de acercamiento al Amor.

Sería interesante que, al contestar las preguntas que te he planteado, revisaras si esas respuestas son realmente tuyas o solo el eco de la necesidad de uno de tus progenitores.

En el camino del Amor debemos hacernos responsables de nosotros mismos con nuestros recursos y nuestras debilidades, con nuestras heridas y nuestras capacidades de sanación. Pero para conseguirlo debemos dejar de cargar con lo que no es nuestro, con las herencias y las contaminaciones que hemos adoptado como una segunda piel sin darnos cuenta de que no vamos a hacer más felices a sus auténticos dueños por renunciar, inconscientemente, a nuestra felicidad.

Soltar todos los pesos que nos alejan de nuestra esencia puede generar temor, incluso sensación de vacío, porque estamos tan acostumbrados a ellos que hemos terminado identificándonos con esos venenos y nos da miedo la soledad y la culpa que podamos experimentar si por fin nos damos el permiso de decir «¡Basta!». Pero la realidad es que no podremos reinstaurar el auténtico Amor mientras no tengamos el valor de responsabilizarnos de nosotros y comencemos a vivir únicamente nuestra vida, sin miedo a decepcionar a nuestros padres, sin necesitarlos como si fueran la única fuente de Amor para nosotros, pues la auténtica fuente de Amor está en nuestro interior y, cuando la relegamos por miedo o lealtad a alguien externo, nos abandonamos y nos arrojamos por el tobogán del desamor.

Ahora bien, ¿qué sucede si te emparejas con un *doble en oposición*? Suele suceder que no sabes recibir eso con lo que tu pareja te colma y que tu progenitor nunca te dio. Puede que ni siquiera lo registres. La ignorancia y el desconocimiento nos impiden tomar conciencia de la realidad incluso cuando nos chocamos con ella. O quizá sí te des cuenta de lo que te están entregando y por lo insólito que te resulta no te lo creas o no te atrevas a tomarlo. Puede ocurrir también que vivas aterrorizado esperando el día en que esa persona termine viéndote como te veía tu progenitor o como te ves tú mismo, y entonces se retire. Incluso puedes hacer tu mayor despliegue de negrura para demostrarle que no eres digno de todo eso, o hacerle daño por dejar tu corazón en esa situación de vulnerabilidad... Más allá de estas variopintas y aciagas opciones, cuando te emparejes con un *doble en oposición* tendrás que aprender a amarte y a ser amado de una forma nueva. Y, sobre todo, tendrás que identificar las lealtades ciegas que te pueden llevar a devastar ese logro, para soltarlas y mantener así la lealtad a ti mismo y tu pacto y tu misión de Amor.

Antes de seguir avanzando en el libro, recapitula. Primero, revisa con honestidad, ternura y paciencia cómo fuiste tratado en tu infancia y cómo te sentiste con ese trato. Ten en cuenta que la ausencia de atención y afecto es tan peligrosa como el exceso. Es posible que halles algunas heridas y las subsiguientes carencias que pretendes cubrir gracias a una relación de pareja. Es importante que lo tengas en cuenta para no lanzarte a las relaciones de una forma dependiente y autodestructiva.

Ahora haz lo mismo con lo que tú percibías de la relación entre tus padres o entre aquellos que para ti fueran un referente primordial y responde:

- ¿Has estado repitiendo en tus relaciones los puntos de conflicto que veías en ellos?
- ¿Has intentado vivir realizando una copia de la vida que ellos eligieron?
- ¿Has paralizado tus vías de amor y compromiso por temor a terminar como ellos?
- ¿Has descubierto, al reflexionar, que te has terminado casando con tu padre/madre?

- ¿Has idealizado su relación de forma que nadie pueda emularla, para mantenerte «a salvo» del auténtico Amor?

Sean cuales sean tus respuestas, no te atormentes; seguiremos ahondando en los caminos del Amor y deberás comprender que, si quieres recorrerlos, no puedes hacerlo desde el desconocimiento de ti mismo y la superficialidad que te ahorra tener que revelar la verdad (tu verdad).

Exceptuando insólitos casos de personas que están altamente trabajadas en la consciencia, el resto de los humanos, cuando se relacionan con su pareja, no están solos. Aunque no os paréis a escucharlos, dentro de vuestra cabeza os acompañan una minimamá o un minipapá que están más que dispuestos a repetir, de forma contundente, sus propias creencias acerca de la pareja, de los hombres y de las mujeres. Así, por ejemplo, al mínimo gesto de desinterés de tu compañero, emergerá la voz de tu madre diciendo: «Los hombres, en cuanto te consiguen, dejan de tener interés en ti». O, si un día tu chica está nerviosa, aparecerá la voz de tu padre diciendo: «Todas las mujeres son unas histéricas». Estos son solo dos ejemplos de las generalizaciones que nuestros padres han tomado como realidad absoluta, limitando nuestro campo de descubrimiento. Puede haber frases más concretas, sembradas con mala consciencia y diseñadas para tu pareja cuando la conocieron y temieron que su presencia te alejara de ellos. Estas son tan nocivas como las generalizaciones mencionadas anteriormente y en ambos casos sirven, únicamente, para destruir todo lo que podría ser diferente, mejor. No son más que otro ejemplo del amor con minúsculas y de lo tóxico con mayúsculas; de esa energía extraña y generalizada que pretende protegernos pero en realidad nos arroja a una sentencia de desamor y desilusión.

De cualquier forma, arrastremos lo que arrastremos, mi intención no es abrir las puertas a la culpa ni a los culpables, sino impulsarte a hacer una revisión profunda desde la que puedas identificar palabras tatuadas en tu inconsciente que hayan empobrecido tu campo de milagros; invitarte a conocer y a educar a tu mente para que pueda convertirse en la aliada de tu corazón y no en la tirana de tu existencia. Una vez más, vemos que es necesario el trabajo profundo del uno para poder acceder de forma sana al dos. Si queremos disfrutar de una relación de pareja nutritiva y amorosa, tendremos que cuidar la intimidad sagrada que esta requiere. Y para ello deberemos poner límites a las voces intrusas que ensucian y empequeñecen la ilimitada magia del Amor.

Podría hablar en este capítulo de lo perjudicial que resulta estar comparando a tu actual pareja con una pareja anterior, o lo dañino que es estar protegiéndote por el perjuicio que esta te causó. Pero si has prestado atención te habrás dado cuenta de que lo que viviste con tus anteriores parejas no fue más que una oportunidad para descubrir tus heridas y los «virus» que arrastras de tus padres o de tu *inversión de vida*.

Lo veas o no con claridad, ten en cuenta que una pareja solo debería estar formada por dos, sin ex, sin madres, sin padres ni ningún otro tipo de fantasmas. Si bien esto puede parecer solo un ideal, lo cierto es que la realidad se puede moldear con atención, enfoque y paciencia para que se asemeje a lo idóneo, en lugar de dejarla vagar y crecer sobre lo inconveniente.

REFLEXIONA

- ¿Qué patrones de comportamiento de la relación de tus padres repites en tus relaciones de pareja?

- ¿Cómo te amaba (o no te amaba) tu padre? ¿Y tu madre?
- ¿Es esto que tienes, atraes o repites lo que realmente deseas y mereces?

Uno, a menudo, es multitud

Un día aprendí a callar, y ese día,
en el clamor del silencio, pude escuchar.

En mis talleres pongo mucho empeño en mostrar algo fundamental en el camino de la paz. Es algo sencillo de explicar, pero no parece ser tan fácil de integrar. Incluyo esta información esencial aquí, confiando en que la entiendas y te sirva para aumentar tu serenidad y, por supuesto, para amarte más.

Recuerda que, independientemente de tus circunstancias, la persona con la que estás veinticuatro horas al día, trescientos sesenta y cinco días al año, eres tú mismo. No puedes separarte de ti, no puedes tomarte unas vacaciones en las que descanses de ti ni puedes enfadarte contigo y dejar de hablarte ni un rato, y mucho menos para siempre. Este es uno de los motivos que hacen que mantener una buena relación contigo sea una tarea importante, probablemente una de las más importantes que tengas que acometer a lo largo de toda tu vida. Y esto no se logra a base de ser condescendiente con tus zonas oscuras, ni de ocultarlas, ni de negar tus conflictos más íntimos. Tampoco se consigue aferrándote a creencias y a emociones tóxicas para mantener tu sentimiento de inferioridad e injusticia, ni apoyándote en el ego para justificarte. Jamás alcanzarás la paz ni te podrás amar sin llegar a conocerte más allá de tu apariencia y del personaje del que te has disfrazado para sobrevivir en este mundo.

Dentro de cada uno de nosotros existen múltiples arquetipos que no siempre están de acuerdo entre sí. A veces, esos desacuerdos se muestran como gritos internos que nos provocan ansiedad, y otras veces generan impulsos incoherentes que terminan pasándonos factura. Este conglomerado de personajes que buscan su instante de atención o de liderazgo sobre nosotros y nuestra esencia está formado por recuerdos, temores, deseos, lealtades ciegas y otro montón de emociones y creencias que se disfrazan con voces de sabios, madres, víctimas y un larguísimo etcétera. Lograr una coherencia entre ellas, un estado en que la lucha cese y el encuentro, el respeto y la colaboración sean la dinámica natural es básico si queremos alcanzar relaciones nutritivas y pacíficas con los demás.

Mientras vivamos un conflicto en nuestro interior, buscaremos ese mismo reflejo en el exterior, lo que nos llevará a sentirnos atraídos por personas que puedan encarnar a esos personajes que no queremos reconocer en nosotros mismos y que, a pesar de lo absurdo que pueda parecernos, requieren y merecen nuestra atención. Mientras vivamos en guerra contra nosotros, mantendremos cerradas las vías del Amor.

Haré uso, una vez más, de un ejemplo para ilustrar esta situación, que resulta de vital importancia en el camino que hemos decidido transitar. Es un ejemplo que suelo usar, porque, a pesar de escandalizar a muchos egos, es mucho más frecuente de lo que esos mismos egos quieren reconocer. Imagina a María, una mujer normal que tiene un cuerpo normal, un trabajo normal, una casa normal, unos padres normales y unas amistades igual de normales. Todo en su vida parece desarrollarse con normalidad; sin embargo, no consigue una relación de pareja satisfactoria y, mentalmente, echa la culpa de su infelicidad a la ausencia de un hombre que la ame y la reconozca. Cansada de su mal llevada soledad, comienza a leer libros de autoayuda, incluso hace algún taller o alguna terapia para trabajarse y poner fin a su ciclo de soltería. María, conscientemente, se cuenta a ella misma que quiere pareja; es más, argumenta que cuando tenga pareja será feliz.

Pero hay que subrayar que María no será feliz aunque encuentre pareja, pues cuando comenzamos una relación desde una percepción de carencia como esta, esa relación está abocada al fracaso. Sin embargo, lo que quiero que comprendas con este ejemplo no es esto, sino algo mucho más profundo que puede estar boicoteando muchos ámbitos de tu vida. Mientras la voz consciente de María repite que quiere pareja y que quiere ser feliz, la voz de su inconsciente disiente; es más, está en absoluto desacuerdo, y hace uso de todo su poder para que la mujer no logre su deseo. En el inconsciente de María se guarda la memoria de lo infelices que han hecho los hombres a su abuela y a su madre; al menos esa es la versión que su madre y su abuela le han contado hasta intoxicar totalmente su discernimiento. Esas memorias tienen su propia voz, una voz guerrera y contundente que no solo se defiende de los hombres y de «los males que estos traen», sino que le grita (soberana) a la pequeña vocecita que clama y reitera desde el consciente de María el deseo de un compañero. A esa voz de las memorias se suma al menos una más, la de la lealtad ciega a las mujeres de su clan, esa que le impide alcanzar una felicidad que jamás alcanzaron quienes vivieron antes que ellas. Y así, entre gritos conscientes e inconscientes, María pierde su paz y, fragmentada y enfrentada contra sí misma, cae en la frustración y el desasosiego, lo cual no solo le va a impedir encontrar una «buena» pareja: también le va a imposibilitar acercarse a la serenidad y, por tanto, a la felicidad.

Es imprescindible saber quién eres, conocerte, ser honesto y permanecer a solas contigo en estado de serenidad, antes de esperar alcanzar ese mismo estado junto a otra persona. Si te emparejas cargando en tu hatillo tus batallas no resueltas, estas se manifestarán en tu relación generando guerras cruentas y difíciles de resolver.

Por si alguien piensa que María es capaz de estar muy bien mientras no se relaciona con otro, diré que siempre que vives conflictos al relacionarte con los demás te estás mostrando a ti mismo el conflicto interno del que no quieres responsabilizarte.

La soledad es una de las grandes maestras, y es necesaria para autodescubrirse en profundidad; pero, como todo, puede ser mal utilizada hasta convertirse en una coraza para mantenerte protegido de aquello que percibes como ajeno. Esta estratagema solamente aumenta el sentimiento de carencia, desvalimiento y desconexión que amplifica los temores y las armas de la mente y el ego mal educados.

REFLEXIONA

- ¿Qué quieres realmente y para qué lo quieres? ¿Qué te impide lograr lo que quieres?

- ¿Cuáles son los personajes internos que dirigen tu vida? ¿De cuáles reniegas?

- ¿Hay acuerdo entre todas las partes (arquetipos) que te forman o mantienes una lucha interna que te aleja de la paz?

Antes de terminar

Recuerda

- Las lealtades ciegas no vistas, no sanadas y no liberadas nos impiden alcanzar cotas de felicidad que superen a las que han logrado nuestros ancestros.

- Mientras mantengas la costumbre de repetir frases del tipo «Mi madre lo hacía» o «Mi padre siempre...», inconscientemente estarás emulando la vida que ellos vivieron. Tampoco se trata de gastar tu energía en intentar evitar repetir sus conductas. Ellos tuvieron sus oportunidades y tomaron sus decisiones, e independientemente de lo mucho o lo poco que sacaran de ellas, tú debes buscar tu camino.

- En ti reside el poder para transformar lo que te hiere. Tú eres el único que se puede colmar con el Amor que no te supieron dar.

- En el momento que tomas consciencia de *desde dónde* te mueves y *para qué* atraes al tipo de persona que atraes y por el que te sientes atraído, todo puede cambiar.

- Comparar y compararte solo te asegura una guerra con muchas bajas. La comparación es propia del ego y nunca trae nada bueno.

- Tienes permiso y derecho para crear una relación sana y nutritiva con otros, pero solo lo lograrás en la medida en que mantengas una relación de ese tipo contigo mismo.

- Independientemente de las circunstancias, tienes la capacidad y también la responsabilidad de encontrar la paz; desde ella será mucho más sencillo que reactives el Amor en ti.

- Tanto si es tu mente y su ruido como si son tus lealtades ciegas las que te impiden disfrutar plenamente de la vida, tú eres el único que puede generar una transformación, una sanación de lo que te impide ser feliz, para así descansar y acercarte al Amor.

Alquimia

Llega cuando soltamos todo lo que no somos nosotros y todo aquello que mantiene un conflicto o la necesidad de un conflicto en nuestra vida, y así, serenos, nos atrevemos a recorrer nuestro propio camino, sin culpas, desde la inocencia, hacia el Amor.

CAPÍTULO 8

Querer no es Amar

Porque te amo, te veo,
y al verte no te temo.

Como habrás comprobado, suelo hacer mucho hincapié en la importancia de distinguir *desde dónde* nos movemos. Más substancial que analizar los objetivos que perseguimos o lo que creemos que nos está sucediendo, es apreciar *desde dónde* nos estamos moviendo en la vida. Prestar atención y ser lo suficientemente honesto como para descubrirlo es el paso necesario para vislumbrar los motores inconscientes que nos impulsan y también para detectar nuestras heridas, nuestras aparentes carencias y las necesidades que nuestro ego nos insta a cubrir.

Puede que al principio no resulte sencillo por falta de práctica y, sobre todo, por falta de honestidad y exceso de juicio y justificaciones. Pero verás que es la clave para autodescubrirnos y ser capaces de ver al otro sin sepultarlo bajo prejuicios que aumentan la sensación de separación y las sentencias de nuestro ego.

Ahora que casi todo el mundo utiliza los GPS para llegar a los destinos deseados, todos sabemos que el aparato necesita saber desde dónde partes. Dependiendo de ese *desde dónde* (en el caso de este ejemplo espacial), el GPS te ofrecerá distintas alternativas de rutas y tiempos de recorrido. Para ponerselo aún más claro, no es lo mismo ir a Barcelona desde Madrid que desde Estambul. Pues lo mismo sucede con nuestros *desde dónde* no espaciales. Y si nuestro destino final es regresar al Hogar y reinstaurar el Amor, la ruta y el tiempo que necesitemos variará mucho si nos movemos desde el querer, desde la carencia, desde la necesidad, desde el juicio, desde el miedo, desde la tiranía del ego, desde las lealtades ciegas y las creencias limitantes, o si nos movemos desde el amor (aunque sea un amor con minúsculas).

Hay una gran diferencia entre *quererse* a uno mismo o *amarse* a uno mismo. En el primer caso las riendas de nuestra vida las suele llevar el ego; en el segundo, el corazón. De igual manera, es muy distinto querer a alguien o amar a alguien. Cuando queremos sentimos carencias en nosotros que esperamos que puedan ser llenadas por el otro. Sin embargo, cuando amamos experimentamos una abundancia y una plenitud interior que no requieren de aportes externos. Así es como podemos convertirnos en cómplices y auténticos compañeros de otra persona sin perder nuestra identidad.

Cuando queremos nos movemos desde la exigencia, la espera y el prejuicio. Cuando amamos nos movemos desde el descubrimiento constante, el respeto y la aceptación. Cuando queremos nos dejamos atrapar por los apegos y las posesiones. Cuando amamos otorgamos libertad mientras nos liberamos. Cuando queremos tenemos miedo de las pérdidas; cuando amamos el temor no puede enraizar en nosotros.

Parece que lo usual es querer, incluso querer mucho, ¡muchísimo!; pero es poco habitual amar. Esto nos remite al segundo capítulo y nos recuerda que no seremos capaces de amar a otro mientras no nos amemos a nosotros mismos. Volvemos a incidir en el hecho de que tu capacidad de amar a otro es directamente proporcional a la capacidad que tengas de amarte a ti mismo. Y de igual manera, tu capacidad para permitirte recibir amor estará afectada por esta misma equivalencia. No somos capaces de recibir más amor del que nos damos a nosotros mismos, así que si no activamos el amor hacia nosotros mismos, nos movemos desde un querer lleno de exigencias, preocupaciones y miedos que, por usual, nos parece normal; no nos damos cuenta de que esa energía emocional nos aleja de la paz, de la coherencia, de la sanación, de la evolución y, por supuesto, de nuestra esencia y del Amor. Es el ego el que quiere; nuestra alma *Ama* en la medida en que nuestro ego y nuestra mente le dan el espacio y el permiso para hacerlo; de hecho Ama incluso a pesar de nuestros egos mal educados.

El ego grande y déspota empuja a la gente a vivir desde el miedo y la necesidad, invisibilizando todo lo que la persona es y todo lo que la vida le ofrece. El alma descansa en la abundancia y disfruta de los caminos que la llevan al reencuentro del Uno, del que nunca dejó de formar parte. El ego siempre quiere más y siempre encuentra motivos de queja. El alma goza, agradece y es consciente de la plenitud —ausente de carencias— que experimenta. El ego intenta cambiar a los otros y las circunstancias. El alma contempla y acepta, porque, aun cuando no entiende lo que está sucediendo, sabe que todo es perfecto. El ego se distrae entre el pasado y el futuro. El alma es y está en el único instante real: el presente.

Es tiempo de que dejemos de justificar nuestros motores autodestructivos argumentando excusas del ego. Tiempo de que retomemos nuestro poder y cumplamos nuestro propósito primero: Amar. No existirá un Hogar al que regresar si no nos damos cuenta de que todo eso que juzgamos, anhelamos, deseamos y tememos existe dentro de nosotros ahora. No habrá un cielo mientras no asumamos la responsabilidad desde la que hemos creado nuestros infiernos personales. Ni podremos mantener relaciones sanas mientras aceptemos el querer como forma válida de Amar. Probablemente, lo mucho que nos han querido —necesitado y manipulado— y las preocupaciones que vienen siempre de la mano del querer sean la causa de que hayamos olvidado que nuestra naturaleza es fluir y no detenernos en las posesiones, los apegos, los rencores o los temores; de que hayamos tomado las aparentes diferencias como pretextos para alejarnos de muchas partes de nosotros, y también de que hayamos terminado pensando que tenemos derecho a exigir y a enfadarnos cuando no obtenemos lo demandado. Desde el momento que tomamos las palabras *querer* y *amar* como sinónimos, navegamos en confusión, prefiriendo uno u otro lado, pero olvidando el centro.

Querer no es Amar, porque todo aquel sentimiento que no nazca directamente del corazón y sea arrastrado solo por la mente y la emoción, así como todo aquello que pueda ser contaminado de miedos, preocupaciones u obligaciones, no es Amor.

REFLEXIONA

- ¿Vives y decides desde el miedo o la necesidad?
- Cuando has tenido una relación de pareja, ¿la has vivido desde la angustia, la preocupación, la exigencia... y has creído que eso era amar?
- ¿Es tu ego el que dicta tus pasos?
- ¿Cuánto espacio dejas al lenguaje de tu corazón?

Caminar junto a otro no es depender del otro

Cuanto más crezcas, mayores serán los permisos que me des para ser y para crecer. Cuanto más crezca, mayores serán los permisos que te dé para ser y para crecer.

Hay demasiada gente que, lastrada por heridas, transgeneracionales e ignorancia, dice buscar el amor, mientras lo único que anhela es sentirse atendida por alguien que se ocupe de cumplir todos los deseos y necesidades de su ego. Y cuando lo consiguen, se encuentran prisioneros de la trampa del vacío creciente. Por mucho que alguien se esmere en cubrir las necesidades de tu ego, no te va a ayudar a ser más feliz. Tu felicidad solo está en tus manos. Y cuando a tu ego le consientes sus caprichos, una vez logrados, lo único que te queda es una sensación desagradable que impulsa a ese mismo ego mal educado a lanzarse a la siguiente petición para amortiguar un agujero que ni él ni nadie pueden llenar.

Los deseos del ego te empujan con una tracción sutil pero intensa hacia los abismos de lo que, al no manifestarte plenamente, percibes como carencias. Y esas carencias solo dejarán de generarte dolor y desubicación en el momento en que te descubras como un ser completo. Al descubrirte como lo que eres, un ser absoluto, esas aparentes carencias quedarán llenas de ti, de tu propia esencia, y descubrirás que no necesitas nada más. Y cuanto menos necesitas, más libre y sereno te sientes.

Sé que lo fácil es culpar a los demás de los sinsabores personales, que lo sencillo es eximirse de la propia responsabilidad cuando una relación acaba mal; lo complicado es hacerse cargo de uno mismo, tomar conciencia de que todo depende de ti y de que el de enfrente no es más que un actor dispuesto a que tú descubras el papel que estás jugando en tu propia obra teatral, en tu vida. También sé que lo habitual es huir del presente a través de ensoñaciones que te plantean posibilidades utópicas que si se transformaran en realidad solo te harían ver que tu felicidad tampoco depende de su cumplimiento; pero, una vez más, lo habitual no suele coincidir con lo sano, con lo correcto, con lo que nos puede llevar a coronar un escalón más en el sendero de retorno a nuestro centro, a nuestra esencia, y desde ahí al Hogar.

Arrastramos demasiados siglos de malas costumbres; cargamos con un adiestramiento que parece haber sepultado nuestro poder, y nos mantenemos atados a largas cadenas que nos hacen creer que el Amor, la plenitud y la felicidad no son alcanzables, ni tan siquiera perdurables. Pero, independientemente de las circunstancias que hayan conformado las sombras de nuestro pasado, si estamos vivos es porque somos capaces de solventar todas las trabas que nos hemos encontrado en nuestro camino. ¡Mientras estemos vivos tendremos una oportunidad! Una oportunidad que espera a que nosotros nos demos el permiso que nos fue robado, dejemos las excusas a un lado y vivamos como si por una vez todo pudiera ser diferente. Mientras no te des esa oportunidad, mientras no te responsabilices de tu felicidad, las relaciones que mantengas terminarán convirtiéndose en contiendas donde nunca habrá vencedores, pero sí muchos heridos.

La mayoría de la gente se siente atraída por personas que, supuestamente, pueden cubrir sus más antiguas carencias. Esas carencias pueden provenir de heridas mal curadas, de traumas no resueltos, de inercias tóxicas y de otro montón de causas. Embarcarte en una relación con la sana perspectiva de los nuevos caminos que esta te va a abrir, siempre y cuando prestes atención y te hagas cargo de tus emociones y de tus sentimientos, puede ser muy enriquecedor. Comenzarla, por el contrario, esperando que todo eso que es tuyo, y que depende de ti, sea tomado por el otro para su resolución es tan peligroso como perjudicial. *Desde dónde* iniciemos una relación y *desde dónde* nos mantengamos en ella van a determinar si esa relación será tóxica o sanadora, si será de dependencia (entre seres inconscientes que mendigan afectos) o será de autosuficiencia (entre seres conscientes que reinan en sus vidas).

Tomemos como ejemplo una relación cualquiera, la de Frida. Frida fue educada, como tantas otras niñas, a base de creencias limitadoras que la llevaron a pensar que su misión en la vida era casarse y tener hijos. Sus dones naturales no tuvieron oportunidad de florecer, y lo que la hacía única fue percibido por nadie a su alrededor. Desde que nació, su esencia fue nublada y redirigida con la intención de no incomodar a los que antes de ella no se atrevieron a brillar. Fue adiestrada con el propósito inconsciente de que repitiera lo que siempre se había hecho —como si nada se pudiera hacer de otra forma—, aunque esa repetición no le fuera a aportar felicidad ni nada parecido. Así, Frida llegó a la edad adulta desconectada de su esencia y, sintiéndose insuficiente, se enfocó, desacertadamente, en encontrar a algún hombre que la eligiera, alguno con el que casarse para sentirse «normal».

Su *desde dónde*, como el de tantas otras personas, era pernicioso. Al crecer desconectada de su esencia, había pasado sus días sin llegar a sentir que ella valiera la pena, sin sentir que fuera digna de nada (más allá de casarse y tener hijos, de formar una familia). Había dilapidado su vida esperando que alguien externo a sí misma se quedara a su lado y le entregara todas las cosas hermosas que ella no se había atrevido a darse.

Entonces, cuando apareció David, ella se llenó de gozo y dio por supuesto que por fin había alcanzado el objetivo de su vida. Cuando David, que estaba tan herido de necesidad como ella, le pidió matrimonio, Frida dio por hecho que ya tenía asegurada la felicidad. No quiso pararse a escuchar esa voz interior que le indicaba que algo no iba bien. Prefirió no reparar en todo lo que ya suponía un conflicto en su relación, ni en esa sensación de vacío que solo se había mitigado durante las primeras semanas. Por supuesto, no quiso detenerse a observar lo que sentía. Porque, por encima de lo que intentaba susurrarle su corazón, gritaban alto su mente y su ego diciéndole que aquello no estaba tan mal. ¿Quién más iba a querer quedarse con ella si dejaba a David? Frida no se daba cuenta de que ella era la primera que no quería quedarse a su lado. No quería darse cuenta de que, cada vez que evitaba escucharse con atención y honestidad, elegía abandonarse, alejarse de ella misma y, por tanto, del Amor.

Sí, este cuento tiene boda, pero no acaba con el festejo y el «fueron felices por siempre jamás». Porque, una vez casada, Frida tenía que lograr que David siguiera a su lado; necesitaba que la siguiera eligiendo. Y para ello, Frida se doblegó ante lo que creía que David necesitaba. No importaba si a ella le agradaba, si le apetecía o si le espantaba; lo único importante era evitar que David la viera como ella se veía y la rechazara. Frida no solo ignoraba que si se hubiera dado el permiso de ser se habría mostrado más hermosa que nunca, sino que además, bajo todo el esfuerzo que hizo para cautivar a David fue escondiendo sus propias heridas hasta la más absoluta podredumbre.

Aunque ellos tardaron algo de tiempo en verlo, el campo de batalla estaba establecido desde el primer momento: un lugar pedregoso en el que la cotidianidad consiste en la vana espera; un territorio frío en el que la comunicación carece de "escuchador"; un espacio lóbrego en que el código se basa en las demandas no atendidas y las recriminaciones; un imperio en el que no hay sitio para el Amor.

Frida, profundamente insatisfecha, como muchas otras mujeres, confió en que con el tiempo sería capaz de cambiar a David.

David, también insatisfecho, como muchos otros hombres, confió en que Frida no cambiaría. Ambos firmaron un papel que les obligaba a un compromiso que ni siquiera habían tenido el coraje de adquirir consigo mismos. Ambos ataron sus vidas a un desconocido al que les unían unas necesidades, unos deseos, unas carencias y unas resonancias comunes, pero no el Amor.

En este ejemplo, como en tantos otros, Frida se desesperará a medida que descubra que vivir con David no hace que sea más feliz. Y se irá ajando mientras espera que David se haga cargo de proporcionarle la felicidad que ella no busca en sí misma, que ella no se atreve a darse. Sin embargo, muy probablemente se quedará, porque ahora su emoción desbocada se ha hecho adicta a los disparadores que llegan de la mano de David, aunque solo alimenten su frustración y su infelicidad. Frida se habrá convertido en su propia prisionera, en una cautiva que ahora utiliza esas emociones tóxicas para justificar su vida. O puede que, en el mejor de los casos, siga al lado de su marido, porque junto a él tiene todo lo que necesita para ver lo que se está haciendo a sí misma, para transformarse (si llega el día en que quiera mirar y responsabilizarse de su vida).

David seguramente no entenderá de dónde surge la insatisfacción de su mujer. Y al igual que ella, se marchitará sin comprender que el encuentro entre ambos no tenía por qué haberse convertido en algo gris que, en lugar de ayudarles a crecer y a caminar, les ha terminado hundiendo más en sus propias zonas de oscuridad.

Esto no es más que un triste ejemplo de un *desde dónde* demasiado común que termina sepultando al Amor bajo unas creencias, unas heridas y unas necesidades que se desvanecerían ante el cálido abrazo de la consciencia. Es solo una forma de ejemplificar que tener una pareja no implica caminar junto a otro. En la historia de Frida y David, ella ha depuesto su poder a la espera de que David se haga cargo de su felicidad. Esto quiere decir que, en el fondo, Frida va a achacar el éxito o el fracaso de su relación a David. Es verdad que ella se esforzará, al menos durante un tiempo, en cubrir lo que en su imaginación son las necesidades de su marido, y al hacerlo cometerá dos errores muy perniciosos: uno será el de olvidarse de cubrir sus propias necesidades; el otro, no menos perjudicial, dar por hecho que es capaz de adivinar lo que David necesita, convirtiéndolo cada día más en un absoluto desconocido, en alguien fabricado a imagen y semejanza de sus propias necesidades y carencias, incapacitándose así para descubrir las auténticas luces y sombras de su compañero.

Confío en que este ejemplo sirva para dejar claro que Frida no está acompañando a David ni dejándose acompañar por él. Lo que ha creado Frida es una relación de dependencia, en la que primero necesita a su pareja para garantizar su felicidad y después la sigue necesitando para justificar su infelicidad.

¿Cuáles serían las diferencias entre esta relación y una relación sana? La diferencia básica radica en el posicionamiento interno de los miembros de la pareja, o como mínimo del de uno de ellos. Como casi todo en esta experiencia que es la vida, depende de la consciencia, del compromiso personal y de *desde dónde* y *para qué* se actúe.

Si Frida hubiera sido consciente de sus heridas, sus carencias y sus lealtades ciegas, habría tenido claro que su felicidad no iba a depender de lo que David hiciera o dejara de hacer por ella. Si Frida hubiera adquirido un auténtico compromiso consigo misma, habría invertido gran parte de su energía en conocerse hasta hallar, por ejemplo, la vía adecuada para la transformación de los lastres que la mantuvieron enredada en la falta de merecimiento. Si se hubiera movido desde un lugar sano y bonito, habría sabido sacarle el máximo partido a la relación, y habría sabido ponerle fin cuando esta no hubiera tenido más que aportarle, o cuando le hubiera traído más dolor que sanación. Frida habría avanzado pasos hacia el amor a sí misma junto a David, y este, sin duda, hubiera tenido la ocasión de avanzar también en el mismo camino.

La historia ficticia de Frida y David es solo una de las muchas que servirían para hablar de las relaciones de dependencia. Otros ejemplos son los que quienes se mantienen junto a sus parejas porque carecen de independencia económica; o los de aquellos que prefieren mantener la relación para no estar solos —ignoran que la peor soledad es la que se sufre con alguien que comparte tu sofá— y los de esos que están absolutamente perdidos en el autoengaño y lo justifican todo con tal de no tener que asumir la responsabilidad de sus vidas.

Mantener una relación de dependencia —cualquiera que sea tu *desde dónde*— jamás te ayudará a amar por mucho que quieras; como tampoco te ayudará a sentirte amado, porque en el momento en que dependes de otro y renuncias a tu propio poder y al descubrimiento de tus capacidades, te estás diciendo a ti mismo que eres insignificante, que eres incapaz y que, por consiguiente, no mereces el Amor.

En una relación de pareja puedes, incluso debes, hacer partícipe al otro de tus necesidades, teniendo claro que no está obligado a cubrirlas, porque cabe la posibilidad de que no quiera o no pueda hacerlo. También debes compartirle tus sentimientos, lo que te hiere, y pedir que te respete. Puedes hablarle de tus procesos de transformación, de crecimiento, de descubrimiento, o de los de estancamiento y oscuridad. Puedes celebrar tus progresos y llorar tus trabas con esa persona; puedes compartirlo todo o casi todo con ella, pero en ningún caso te harás bien ni mejorarás la relación señalándola como máxima responsable de tus estados.

Caminar junto a otro desde el Amor implica saber mirar a quien está a tu lado y para eso tienes que saber mirarte a ti mismo desde la honestidad, la compasión, la calidez, la humildad y la paciencia. Caminar junto a otro implica saber decir no y también saber decir sí sin faltarte al respeto; implica no hacer tuyo lo que no te corresponde, lo cual no quiere decir que no permanezcas al lado del otro sosteniéndolo de forma limpia y desimplicada cuando sea necesario.

Caminar junto a otra persona es posible de enfrente es posible cuando ambos se responsabilizan de sí mismos y no juegan a culpar al de enfrente por lo que no les satisface. Esto es lo natural cuando se comparte de modo equilibrado y se celebran los triunfos del compañero. Caminar junto a otro requiere de estas condiciones y de muchas que vamos a ir desgranando en los siguientes capítulos. Y por complejo que pueda parecer, sé por experiencia propia, y porque lo he visto en otras personas, que es posible y altamente enriquecedor. Como sé que todas las relaciones en las que al menos uno de los componentes se mantiene atrapado en la dependencia terminan mal.

El Amor no consiste en convertirse en "Pin y Pon", siemrpre juntos, eternamente inseparables. Es más, para la salud de la relación es importante que ambos miembros de la pareja mantengan aficiones y parcelas que les generen placer y los nutran, y que las puedan llevar a cabo en soledad o con otras personas distintas a su compañero o compañera. Cuando, por miedo, no permites que tu pareja disfrute de su tiempo con los amigos y sin ti, lo que estás generando es una prisión en que la persona a la que supuestamente amas deja de recibir aportaciones que, lejos de desmerecer a las tuyas, se podrían sumar a las que recibe de ti.

Tan importante como compartir momentos de intimidad es dejar espacio para que cada miembro de la pareja disfrute de lo que le enriquece y le divierte.

Para ilustrar esta idea, pensemos que somos como elementos químicos: generamos resultados diferentes dependiendo de con qué otros elementos nos relacionemos. Si nos obligamos a relacionarnos con un único elemento, acabaremos nuestros días desconociendo muchas de nuestras facetas; terminaremos sin descubrir gran parte de nuestra riqueza interior y nuestras potencialidades. Y si nos obligamos u obligamos a nuestro compañero a ese confinamiento es solamente por miedo y dependencia, cosas que, evidentemente, no tienen que ver con el Amor.

Permíteme que insista en lo dañinos que son los códigos de dependencia en una pareja. Los hay de muchos tipos y no conozco ninguno que no sea, a medio o a largo plazo, destructivo. Cada vez que dependemos de alguien, realizamos una cesión de poder, y cada vez que realizamos una cesión de poder, nos estamos instalando en la creencia de la necesidad del otro y la inutilidad propia. Da igual si nuestra dependencia se centra en la capacidad intelectiva para comprender y hacer las cosas, si tiene que ver con la subsistencia o si se enfoca en lo emocional; cualquiera que sea su campo de acción, nos va atrofiando hasta dejarnos a merced de las creencias de inutilidad en las que nos hemos enredado.

Parece evidente que las personas que tienden a las relaciones de dependencia padecen de baja autoestima; pero considero que sus motivaciones profundas son algo más complejas que una simple falta de autoestima. Además de una ausencia de amor por sí mismas suelen mostrar actitudes de dejadez, irresponsabilidad, incapacidad y vagancia que les hacen percibir esa cesión de poder como una forma más sencilla de alcanzar sus objetivos. Por ejemplo, en casos de dependencia intelectiva, el dependiente no tiene que hacer el esfuerzo ni de aprender ni de comprender: ya lo hará el otro por él. Así arraiga su creencia de falta de inteligencia, y termina atrofiando su cerebro. Probablemente el «inteligente» en este tipo de relación (el alfa) también padezca de falta de autoestima y el hecho de que alguien dependa de su intelecto le haga sentir mejor, más sabio. No hay una postura mejor que la otra, los dos posicionamientos son nefastos. A la larga, el que depende se termina convirtiendo en tonto y el que ha tomado un poder que no le pertenecía terminará aburriéndose del tonto.

Cuando la dependencia se basa en el sustento y en la economía, el dependiente, por lo general, suele desdibujarse para ir sometiéndose a lo que el que aporta la comida, la vivienda y las comodidades desea. Se somete sin dejar de justificar a la figura ante la que se somete.

En el caso de dependencias emocionales, aparentemente más sutiles, se cae en una cesión absoluta de la propia responsabilidad, colgando el fracaso o el éxito de los estados emocionales propios en el compañero, culpando al otro de lo que uno se está haciendo a sí mismo. Las personas que están enganchadas a este tipo de dependencia sufren mucho. Permanecen atrapadas en el miedo y en la necesidad del estímulo emocional que les proporciona su pareja, aunque solo sean malos tratos.

Podría extenderme con otros ejemplos de dependencia, pero me parece más enriquecedor que, si es tu caso, reflexiones sobre la motivación profunda que te ha llevado a depender o a permitir que dependan de ti. Aquí tienes algunas buenas preguntas para que recapacites y te conozcas un poco más.

REFLEXIONA

- ¿Cuáles son las creencias que te hacen ceder tu poder a otra(s) persona(s) (en el nivel que sea)?

- ¿De qué prefieres no hacerte cargo (aun sabiendo que nadie hará por ti aquello que tú no estés dispuesto a hacer por ti mismo)?

- ¿Qué ganas al inutilizarte y someterte a otro o al permitir que otro se someta a ti?

- ¿No confías en la capacidad del otro y te resulta más cómodo hacerte cargo de él mientras le quitas el permiso para descubrir sus capacidades?

- ¿Te sientes más seguro de ti o superior porque otro dependa de ti y te ceda su poder?

- ¿No tienes suficiente con hacerte cargo de tu propia responsabilidad y coges la de otro?

- ¿Qué ganas al permanecer junto a alguien que se siente inferior a ti?

Descubrir mi potencial en soledad

Mientras camine a mi lado
no podré ser herido por la soledad;
al contrario, la invitaré a mostrarme
todo lo que aún desconozco de mí.

Aunque ya he hablado de la soledad en el capítulo 4, tiene sentido volver a hacer referencia a ella en este capítulo dedicado a la dependencia o la codependencia y sus peligros.

Hace muchos muchos años que descubrí la soledad. Y, supongo que como todo el que ha caminado junto a ella, al principio la padecí y la aborrecí. A veces la utilicé como cueva en la que refugiarme y también como escudo para justificar mis penas; pero en el fondo lo que quería mientras los días pasaban bajo su sombra era zafarme de su presencia. Finalmente, ante la imposibilidad de lograr que desapareciera, no solo la acepté, sino que además la observé, y esta se convirtió en una de las mejores decisiones de mi vida.

Puedo comprender que, debido a nuestro adiestramiento, la mayoría de la gente tema la soledad. Pero, como en tantos otros temas, que lo comprenda no quiere decir que lo comparta. Como la conozco bien y he podido comprobar las grandes diferencias que se dan entre las personas que saben estar solas y las que han pasado sus vidas huyendo de esta gran maestra, he de decir que experimentarla suele suponer una de las mayores oportunidades de autodescubrimiento, crecimiento y desbloqueo del camino del amor hacia uno mismo.

Prefiero aclarar que no me refiero a esa soledad a la que se tiran de cabeza los cobardes procurando evitar «el qué dirán» o el daño que pudieran provocarles las relaciones y las emociones. Ni a la que es hiriente y recubre a los egoístas y a los amargados. Estoy hablando de esa que es grande y compleja y te empuja a desvelar cada pequeña parte de ti con todos tus recursos dormidos, con tu auténtico potencial y las realidades que habían quedado enterradas bajo capas de creencias heredadas y vínculos mohínos; esa soledad en la que descubres que puedes compartir sin necesidad ni temor, en la experimentas el avance sin cargar con lo que no es tuyo ni ser arrastrado por quien, en nombre del amor, te impide que alcances tu máximo esplendor; la soledad que se cuela en tus recovecos más velados hasta desbaratar a tu ego con todos sus anhelos; la maestra repudiada; la que, por arrojarte sin contemplaciones hacia lo que has enajenado de ti, ha acumulado mala fama y es desdeñada por los miedosos. Hablo de esa soledad que en su inmensidad atesora tu paz y te abre las puertas al auténtico conocimiento de ti mismo.

Dicho esto, parece evidente que mi recomendación es que te atrevas a experimentarla. Si siempre has estado con gente —incluso viviendo solo—, si necesitas de los otros, si te aterra permanecer en cercana intimidad contigo mismo, es muy probable que padezcas de algún tipo más o menos grave de dependencia que te imposibilita descubrir tus auténticos recursos y te lleva a adecuarte —en contra de ti mismo— a las demandas externas, sean reales o imaginarias. Y también es probable que te hayas impedido desarrollar y gestionar de forma inteligente tus emociones, porque las personas que no saben estar solas difícilmente se sienten capaces de gestionar de modo eficiente y sano sus propias emociones.

Si has crecido sugestionado por esa necesidad de pertenencia que enreda nuestro inconsciente colectivo, actualizando miedos arcaicos, y has aprendido a mendigar atención y afecto antes de descubrir quién eres y qué precio estás dispuesto a pagar con tal de no venderte, lo normal es que no te hayas dado la oportunidad de descubrir tu auténtica identidad, y mucho menos de manifestar tus dones. Y por esta razón habrás crecido sin sentirse ubicado ni sereno. Si has llegado hasta aquí temiendo y negando a la gran maestra soledad, te habrás lanzado a múltiples relaciones de dependencia que procuraban entretener tu mirada para que no se detuviera en tu auténtico miedo; habrás preferido ignorar que solo mirando a tu miedo a los ojos puedes trascenderlo hasta encontrar el tesoro que aguarda tras su fiera apariencia. Y lo que es más triste, habrás vagabundeado implorando afecto y atención, diluyéndote en las profundidades de tu propio abismo, para terminar padeciendo la peor de todas las soledades posibles, la que se padece en compañía, esa que te inunda y te corroe mientras te conformas con lo insano con tal de que alguien ocupe un pedazo de tu espacio y te ayude a argumentar que te han elegido, que no eres tan despreciable o insignificante como te contaban las voces de tu ego.

Por el contrario, los que han aprendido a vivir consigo mismos y han sacado partido de una de las grandes maestras son capaces de compartir su vida con otra persona sin renunciar a ese espacio íntimo y sagrado en el que pueden descansar y continuar la búsqueda de sí mismos, más allá de lo ya conocido; de esos tiempos que requieren ser llenados de ti y de todo lo que de verdad te hace sentir entero y calmado. Te aseguro que poder mantener ese espacio *inigual* (libremente elegido) que también te permite caminar junto a otros es una experiencia maravillosa.

Es interesante saber que si no aprendemos a estar solos, no podemos descubrir nuestra auténtica identidad. Y si no conocemos nuestra identidad, nuestro ego se entretiene y se aprisiona en identificaciones.

Nuestra identidad es nuestra esencia, aquello que somos independientemente de cargos, relaciones, posiciones, necesidades o miradas externas, mientras que nuestras identificaciones —o carteles de nuestro ego— son esas palabras y conductas a las que nos apegamos y que acaban limitándonos e incluso invalidándonos.

Cuando somos pequeños nos vamos reconociendo a través de la mirada y las palabras de nuestros padres. Durante nuestros primeros años, nuestra devoción por ellos y nuestra necesidad de su amor y de su felicidad es tan grande que terminamos disfrazándonos de lo que ellos necesitan. Mientras, nos empequeñecemos conteniéndonos en los adjetivos con los que ellos nos califican, sean ciertas esas calificaciones o no. Y así, la mayoría crecemos desconectados de nuestro centro, de nuestra esencia, apegados a los personajes que interpretamos al estar con otros, creando una dependencia de esos otros que nos permiten mantener sus identificaciones. Comprende que, sea cual sea tu profesión, eres algo mucho más grande que eso, algo que está por encima de los carteles de hijo, padre o madre, marido o mujer, empleado o jefe, religioso o ateo... Lo que realmente eres (tu identidad) lo vas a descubrir con más facilidad si aprendes a estar contigo. Pero lo mejor es que cuando descubras tu auténtica identidad y te atrevas o te des el permiso de ser, ya no caerás en la necesidad egoica de ser visto o reconocido por los otros para existir. De esta forma todo será mucho más amoroso y fluido.

Reflexiona

- ¿Buscas y necesitas la aprobación o el reconocimiento de los demás?

- ¿Crees que dependes de otros para descubrir tus recursos? ¿No te sientes capaz de revelarlos por ti mismo?

- ¿Necesitas llenar los espacios y los tiempos con ruido y distracciones para no entrar en contacto con tu soledad?

- ¿Cuánto temes a la soledad? ¿Hasta dónde estás dispuesto a abandonarte y a venderte con tal de no conocerla?

- ¿Conoces tu identidad?

- ¿Hasta qué punto estás identificado con quien te dicen que eres?

- ¿Eres capaz de llenar cada instante de ti independientemente de con quien estés?

El Amor requiere que te seas leal

Para amar y ser amado
debo ser simplemente yo.

Si careces de una buena base interna, difícilmente podrás establecer bases sólidas con lo externo. Si no te has detenido a identificar tus actitudes tóxicas, si no has tenido el valor de tomar el compromiso de transformarlas, si te has rendido antes de recorrer el sendero del autodescubrimiento y la sanación, no esperes paz, nutrición y enriquecimiento en tus relaciones, porque vas a atraer y te vas a sentir atraído por aquellas personas que de forma más contundente te puedan mostrar dónde están tus heridas, tus incoherencias, tus sombras y tu falta de amor por ti.

154 | REGRESA A TI

La resonancia es algo invisible pero totalmente perceptible que nos hace sentirnos atraídos por aquello y aquellos que vibran de forma afín, ya sea porque tienen una programación similar a la nuestra o por el posicionamiento energético, que depende del nivel de consciencia de cada cual. Ten en cuenta que en base a esa resonancia no vas a atraer ni te vas a sentir atraído por lo que desees de forma ideal, sino por lo que de manera idónea te pueda mostrar dónde estás y lo que te queda por «reparar» para seguir avanzando.

Si de verdad estás preparado para iniciar una relación de pareja desde un lugar sano, es muy probable que hayas tenido que atravesar desiertos de soledad. Esto no es un castigo, sino un precio ineludible. Es en la intimidad de tu única compañía donde puedes comenzar a desnudar tu esencia con sus claroscuros, donde puedes empezar a ser solo tú, sin esos disfraces que adoptas para vincularte con los otros; es ahí donde puedes atender sin pudor aquello que te hace daño, y también donde más fácilmente puedes darte los permisos que mereces.

No me refiero a un estado en el que puedas justificar tus actitudes mientras te lamentas de tu suerte, sino de un espacio-tiempo sagrado en el que comenzar a practicar la honestidad y la coherencia imprescindible para crecer, para llevar a cabo el mayor logro que puedas realizar como alma y como humano: reinstaurar el Amor en ti, para así sumar en el intento de conseguir que el Amor sea la realidad imperante, diluyendo el miedo, la necesidad de pertenencia y todo lo que dota de tanta potencia a los egos mal educados, que aún crean realidades grotescas.

Como he explicado con anterioridad, si no atraviesas el sendero que te devuelve a ti, no sabrás llegar a otros y tampoco sabrás permitir que otros lleguen hasta lo más profundo de ti mismo. Si no te atreves a adentrarte en esta aventura, nunca vivirás una verdad, pues tus acciones, tus reacciones y tus necesidades estarán motivadas por los virus que te han ido contagiando desde tu nacimiento, que por ser comunes se van aceptando y haciendo vulgarmente justificables, y te sirven para mantenerte identificado, aunque sea con un montón de barrotes y mentiras. De este modo solo vivirás la monotonía de unas creaciones que carecerán de sentido y harán que tu corazón suene hueco y que tus días pesen.

Si no aceptas el compromiso de conocer a esa persona que indudablemente te acompañará hasta tu último aliento, de descubrirla mucho más allá de los «es que», de los deberes y de los contagios, no podrás amarte.

Detén un segundo la mente; no repitas todas las excusas rancias que cargas en los bolsillos de tu personaje; no te digas que tú sabes cómo eres, ni mucho menos te cuentes que no puedes cambiar, y tampoco te compares con otros. Interrumpe un segundo esa inercia que has recibido como legado y que solo te lleva a hacerte daño. Detén la fábrica de deseos que regenta tu ego y también la filial de excusas. Para, respira, siéntete, abrázate y decide si quieres serte leal…

No te estoy sugiriendo que mantengas tu lealtad a tus creencias, ni a tu forma de vida, ni a tus programaciones para lograr objetivos, ni mucho menos que seas leal a otros. Pregunto si estás dispuesto a ser leal a tu alma, a tu esencia, a tu corazón, a ti; si estás listo para adquirir el gran compromiso de dejar de hacerte daño para intentar evitar que otros sufran; si estás preparado para dejar de mirar hacia otro lado y defender la soberanía de tu corazón por encima de todo; si estás capacitado para dejar de vagar como un zombi completamente anestesiado y convertirte en ese que viniste a ser y que de momento permanece aletargado en tu interior; si estás preparado para darte lo mejor que tienes, para desnudarte ante el poder de tu propia energía de Amor, para asumir el riesgo de cumplir tu propósito de vida y la misión de tu alma; si estás decidido a abandonar tu zona de confort y comenzar a vivir de forma plena; si estás preparado para dejar de tomar decisiones basadas en el miedo y en las lealtades ciegas y empezar a tomarlas solo por Amor.

Si aún no estás ni dispuesto ni preparado, no pasa nada; tal vez este no sea tu momento. Pero, sobre todo, no te engañes, no te cuentes mentiras que acrecienten tu deslealtad hacia lo más precioso que hay en ti. Porque cuanto más desleal seas no solo te harás más daño —incluso sin enemigos—, si no que también recrearás en torno a ti una realidad de mentiras, traiciones y deslealtades que será fiel reflejo de lo que te estás haciendo a ti mismo. Si aún no es tu momento, al menos cuéntate la verdad y descansa.

REFLEXIONA

- ¿Basas tus elecciones y decisiones, o la ausencia de ellas, en el Amor o en el miedo?

- ¿Respetas a tu corazón o priorizas las necesidades de los otros por temor a quedarte solo?

- ¿Buscas de forma coherente aumentar tu paz?

ANTES DE TERMINAR

RECUERDA

- En el Amor no existe la opción de la dependencia, porque depender anula la libertad.

- Cambiar por otro es un acto motivado por el miedo, no por el Amor. Intentar que otro cambie por ti es manipulación, incluso soberbia, pero en ningún caso se asemeja al Amor.

- Mientras no seas capaz de vivir la soledad desde la paz, mientras no la disfrutes y le otorgues el espacio que merece a tu lado, te enredarás en todo tipo de relaciones de dependencia.

- Si no descubres tu identidad, te mantendrás apegado a tus identificaciones.

- Si te empeñas en justificar tu sufrimiento, no podrás aumentar tu consciencia y, por lo tanto, no podrás reactivar el Amor por ti.

- Mientras no asumas tu responsabilidad, seguirás buscando culpables y, por consiguiente, no podrás activar tu poder. Mientras no te responsabilices por completo de tu vida y tus circunstancias, te sentirás como una marioneta en un drama incomprensible e injusto.

- Si tu ego está empeñado en tener razón, buscarás personas que, con sus actitudes, reafirmen tus creencias.

Pero si estás dispuesto a crecer y a trascender tus creencias, buscarás personas que quieran caminar a tu lado (el tiempo que corresponda).

- Mientras no te comprometas a mantener la lealtad a ti, serás tu peor enemigo y manifestarás en tu entorno situaciones que reflejen tu propia deslealtad.

ALQUIMIA

Llega cuando te descubres y comienzas a relacionarte con otros por gozo, no por necesidad.

Capítulo 9

Establecer las bases desde el principio

Elijamos primero las bases sobre las que construir nuestro compartir, para así poder soltar el temor y el control y gozar el Amor.

En una relación de pareja deberíamos establecer las bases desde el principio. Esta afirmación a algunos les parecerá de simple sentido común, pero para otros será una alternativa insólita. No olvidemos que la mayoría de las personas dan por hecho que sus mapas y sus expectativas son las normales o incluso las únicas, y desde este convencimiento, dan por supuesto que su pareja va a seguir las líneas demarcadas por sus deseos y sus necesidades, cubriéndolas e incluso adivinándolas antes de que se manifiesten.

Si a esto le sumamos el compost de las heridas que siguen sin ser sanadas por no querer mirarlas, junto a la «distorsión visual» que genera el enamoramiento, nos encontramos con una bomba emocional que puede estallar de forma exagerada en el momento más insospechado. Cabe remarcar que este tipo de bomba tiene dos modos distintos de explosión: hacia dentro y hacia fuera.

Cualquiera de ellos es tremendamente dañino, sobre todo para el portador de la bomba. A veces acaba con todo en la primera detonación. Otras, la destrucción es tortuosa y paulatina; se cuela en los rincones más profundos del que carga con ella sin que este se dé apenas cuenta y va contagiándolo de una amargura mortal de la que, normalmente, culpará a su compañero.

Este capítulo es un intento de desactivar esos explosivos antes de que nuestro ego, nuestro miedo y nuestras heridas mal curadas los hagan estallar. Incluye un conglomerado de cuestiones muy básicas que deberíamos tener en cuenta si deseamos sembrar con unas bases coherentes y saludables desde el principio.

Al igual que es mucho más sencillo construir bien un edificio desde sus cimientos que remodelar uno con los cimientos dañados, es más agradable y gratificante comenzar una relación de pareja desde la comunicación, la honestidad, la coherencia y el respeto que intentar remediar una relación que ha crecido sobre las falsas expectativas, la deshonestidad, el chantaje y el miedo.

En ningún caso pretendo que este capítulo sea una especie de receta. Que nadie piense que basta con poner en práctica lo que aquí compartiré, saltándose la construcción de unas bases igualmente sólidas y amorosas en la relación con uno mismo. No debemos olvidar que, hagamos lo que hagamos, si aún no nos hemos atrevido a adentrarnos en el sendero del amor a nosotros mismos, lo que encontraremos en la pareja serán solo diversas muestras de esa ausencia de amor hacia nosotros.

Amamos al otro como necesitamos ser amados

Amar me permitirá disfrutar de tu felicidad
sin aprisionarte en mis mapas.

Cada uno de nosotros, más allá de los fundamentos de libertad y respeto intrínsecos del Amor, hemos aprendido unos códigos concretos que utilizamos para demostrar nuestro afecto; esos mismos códigos, cuando se dirigen hacia nuestra persona, nos hacen sentirnos queridos. Dicho de una forma más sencilla: cada persona «ama» y percibe el amor de una forma específica; lo que para unos son muestras inequívocas de cariño, para otros pasan completamente desapercibidas; lo que unos necesitan para reafirmar que cuentan con el afecto de su pareja, para otros es absolutamente intrascendental. En este terreno, como en todo lo demás, cada cual tiene un mapa que, si no es contemplado desde la consciencia, se puede llegar a confundir con el único posible.

En mi opinión, no hay formas mejores ni peores de mostrar amor hacia otro, siempre y cuando estas formas estén basadas en el respeto. Pero más allá de esto y de las distintas maneras de «decir te amo», deberíamos comprender que solemos esperar ser amados de la misma forma en la que amamos. Y si nos emparejamos con una persona cuya forma de amar dista de las nuestra, podemos sentirnos invisibles y no queridos simplemente porque su forma de amar difiere de la nuestra; no nos damos cuenta, a la postre, del empeño del otro y de la frustración que puede experimentar porque no siente que valoremos lo que hace por nosotros ni recibe de nosotros lo que necesita.

Las cuatro formas básicas de demostrar amor con las que me he encontrado son:

- La táctil: necesidad de caricias, besos, abrazos y contacto con la piel del otro.
- La verbal: expresión hablada o escrita de los sentimientos.
- La servicial: tendencia a cuidar a la persona y los detalles procurando que la vida del otro sea más sencilla y agradable.
- La de los obsequios: buscar, comprar y regalar cosas que puedan gustarle a la otra persona. Aquí incluyo también a quienres demuestran sus afectos a través de la alimentación.

La preferencia por una u otra estará determinada por la forma en la que nos sentimos amados de pequeños o por la ausencia de esta sensación. Y esta preferencia, como acabo de decir, puede hacernos pasar por alto lo que estamos recibiendo si se nos entrega de una forma diferente a la que nosotros usamos y necesitamos. Por ejemplo, puedes tener una pareja que sea muy táctil y que necesite sentir tu piel y acariciarte como expresión de su amor por ti. Si tú eres igualmente táctil, su contacto te hará sentir querido; pero si eres verbal, puede llegar a agobiarte, y añorarás que exprese su amor por medio de palabras. En este ejemplo, tu pareja, a su vez, puede sentirse sobrepasada por tus expresiones verbales y añorar que le acaricies.

Cada persona puede tener más de una forma de expresar su amor. Puedes, por ejemplo, ser táctil y obsequioso, o táctil y servicial, o cualquier otra combinación: todas valen. Lo malo es todo lo que nos podemos perder o echar a perder por no registrar la forma que tiene de amarnos nuestra pareja, y el daño que podemos hacer, sin querer, por no amarla como necesita.

Personalmente, pienso que cuando amas a alguien es natural hacerle partícipe de lo que sientes de una manera que para esa persona sea agradable y, sobre todo, reconocible. Pero para hacerlo primero debes conocer cuál es esa forma idónea, que será distinta en cada caso. Por otro lado, menospreciar lo que recibes porque te exiges recibirlo de otra forma solo te servirá para enrocarte en tu ego caprichoso, poco empático e incomprensivo, y para alejarte más del Amor.

En último caso, si para ti es fundamental, por ejemplo, que tu pareja te toque, es mejor que busques a una persona para quien sea natural la expresión táctil que empeñarte en cambiar a aquella para quien esta forma de contacto no es importante o a quien le incomoda este tipo de expresión íntima.

REFLEXIONA

* ¿Ante qué tipo de muestras de afecto te sientes amado?
* ¿De qué manera tiendes a mostrar tu cariño?
* ¿Te sientes atraído por personas que aman de forma diferente a la tuya (para no sentirte amado)?

¿Tú cómo te amas?

Amarme es una invitación al descubrimiento
de múltiples formas de entregar, recibir y compartir
el Amor mientras descanso en mi propio abrazo.

Ahora que sabes que cada cual tiene una forma de mostrar su amor, sería interesante revisar de qué manera demuestras amor por ti mismo.

A la mayoría de nosotros nos han educado en el hacer, en el demostrar, en la competencia y en unas creencias que no dan espacio a lo transcendental: Amar y Ser. Entre este conglomerado de creencias educacionales y la tendencia a anestesiarnos para no tomar conciencia de nuestras heridas y nuestro dolor, pasamos un día tras otro sin entregarnos aquello que nos hace sentir bien cuidados, mirados y, sobre todo, amados.

No te estoy preguntando por todas esas distracciones que nos pueden ayudar a dejar que el tiempo pase y a elevar nuestras dosis de analgesia; a las formas de ocio que nos distraen pero no nos divierten. Tampoco te estoy preguntando por esa inercia que compartimos con grupos a los que pertenecemos para maquillar nuestra soledad. Estoy invitándote a que revises qué tipo de gestos de amor realizas por ti. ¿Cuántas cosas que te sientan realmente bien dejas de hacer mientras continúas con las que no te aportan auténticos beneficios? ¿Cuántos regalos dejas de ofrecerte porque sientes vergüenza o una extraña falta de merecimiento? ¿Cuánto de lo que nutre a tu alma relegas al olvido por las urgencias de tu ego? ¿Cuánto te engañas ofreciéndote caprichos que solo sirven para hacer más grande tu vacío vital? Y ¿cuánto tiempo vas a seguir esperando a que lo que tú no te das te sea ofrecido por alguien externo? Independientemente de tus respuestas, recuerda que lo que tú no te das no lo sabrás recibir si te es ofrecido desde fuera; es más, puede que no lo percibas o lo desdeñes cuando te llegue.

Una forma vital de amarnos es dejar de juzgarnos y comenzar a practicar la compasión hacia nosotros. Cambiar nuestros pensamientos enjuiciadores y negativos abre las puertas a una higiene energética que nos acerca a la paz. Ciertamente, dejar de juzgarnos por completo es una disciplina que requiere tiempo y compromiso. Si quieres comenzar con este compromiso, recuerda que eres capaz de lograrlo y, sobre todo, recuerda que lo mereces. Si te parece una labor demasiado grande para tu momento actual, busca otras formas que no te resulten colosales y te proporcionen gozo y serenidad, pero en ningún caso utilices excusas para no intentarlo.

Otra de las formas de activar nuestro Amor es encontrar el equilibrio entre la acción y la contemplación, el punto en el que, después de hacer lo que nos corresponda, seamos capaces de descansar disfrutando del mérito de lo logrado. Ten en cuenta que la acción constante no solo te va a agotar, sino que puede llevarte a destruir lo logrado por no ser consciente de que ya lo has logrado.

Vivimos arrollados por una inercia que nos impele a hacer, como si solamente haciendo pudiéramos demostrar que merecemos un lugar en esta vida. Y esa dinámica de exigencia a la que nos sometemos termina nublando la consciencia de nosotros mismos e incluso nuestro sentido de la propia dignidad.

Además, hemos sido adiestrados en ese mal entendido sacrificio que nos empuja a decir sí cuando queremos decir no, a perder nuestro tiempo y nuestra energía en asuntos que no solo no nos nutren, sino que además suelen envenenarnos. Todo por no incomodar al de enfrente mientras somos desleales a nosotros mismos, multiplicando además nuestras peores sensaciones interiores. Y, ¿para qué? ¿Para no dejar de tener gente alrededor, aunque su presencia amplifique la peor de las soledades? ¿Para mantener activas las mentiras que alimentan el entramado de este sinsentido que se ha establecido como normalidad? ¿Para que no nos moleste renunciar a nuestra coherencia y a nuestra libertad? ¿Para no caer en la cuenta de que no nos estamos amando ni estamos amando a los demás?

De nuevo tengo que hacer referencia a los padres y a los referentes primeros, pues la forma en la que nos hayan amado, o no, deja improntas muy profundas en nuestro inconsciente que nos llevan —si no tomamos conciencia de ello— a «amarnos» de la misma forma que lo hizo el progenitor de nuestro mismo sexo, así como a recibir, buscar y ver como algo normal en los otros que nos amen como nos amó (o no) el progenitor del sexo opuesto al nuestro. Esto no es más que otra raíz de muchas de las heridas que portamos, si bien una vez identificada, puede ser transmutada hasta su completa sanación.

Con independencia de cómo te hayan y te hayas tratado hasta ahora, es tiempo de que busques pequeñas formas de regalarte ese Amor que nace en ti y que mereces y necesitas sentir más que nadie. Deja de apoyarte en pretextos para postergar actos de amor hacia ti; llevas demasiado tiempo esperándote y es hora de que regreses a ti.

Una forma sencilla de descubrir cuánto estas dispuesto a amarte ahora es decidir, cada mañana, qué regalo te vas a hacer ese día. Si necesitas unos pantalones, comprártelos puede valer por un día; pero no todos los días vas a cubrir tu regalo diario haciendo una compra. Además, cuanto más te ames menos vas a necesitar, así que tendrás que optar por regalarte cosas que de verdad te sienten bien, como, por ejemplo, un rato sin distracciones leyendo o paseando, hacer yoga o darte un baño ritual, detenerte quince minutos para contemplar una puesta de sol en la intimidad de tu soledad… Cualquier cosa que de verdad te acerque a ti mismo y te dé paz vale. Y cada noche deberás verificar si te has entregado el regalo que te habías prometido. Si no lo has hecho, tendrás que responderte honestamente *para qué* —no por qué— no te lo has regalado.

Cuando les propongo esta práctica a mis alumnos, es curioso comprobar, por un lado, que al cabo de pocos días de comenzar no saben qué regalarse, y, por otro, que se ponen una gran cantidad de excusas para justificar el olvido de sí mismos.

Independientemente del punto desde el que partas, recuerda que el compromiso de cuidarte, de amarte, de hacer por ti aquello que te sienta bien, debes llevarlo a cabo día a día, tengas o no pareja. Si no aprendes a amarte, te va a resultar costoso amar a los demás y dejarte amar.

Reflexiona

- ¿De qué forma muestras tu amor hacia ti?
- ¿De qué manera dejas de amarte y para qué lo haces?

Algunos indicadores negativos

*Cuando te empeñas en ignorar las señales,
la realidad crece, enredándote
en todas las sombras que pretendías ocultar.*

Estoy convencida de que, en el fondo, al principio de una relación casi todos sabemos si va a funcionar o si, por el contrario, va a ser un desastre. Aun cuando no queremos verlo, intuimos si esa relación que comienza va a ser una de esas experiencias que recreamos para reafirmar nuestras creencias más descorazonadoras, una de esas historias que alimentan el sufrimiento autoprovocado, o si, por el contrario, va a ser un encuentro constructivo.

Normalmente, cuando comenzamos una historia de amor con otra persona, nuestro anhelo, o nuestro ego, nos impele a querer creer que todo va a ser maravilloso, lo cual nos puede llevar a ignorar esos pequeños indicadores que nos alertan de las pocas probabilidades de éxito de nuestra apuesta. Aunque siempre prefiero el pensamiento positivo, procuro no enardecerlo por encima de la honestidad.

Por supuesto, con esto no quiero decir que no te aventures en una relación hasta que no tengas garantías de éxito, ni tampoco pretendo que busques una relación perfecta, pues —que yo

168 | REGRESA A TI

sepa— no existe. Sencillamente te invito a prestar atención a algunas señales que pueden evitar situaciones desagradables, ponzoñosas e innecesarias.

Prefiero dejar claro que cuando hablo de «una relación que funciona» no me refiero a aquella que simplemente se prolonga en el tiempo. Hay muchísimas relaciones que se eternizan —como si de una cadena perpetua se tratara—, pero no funcionan en absoluto. Una relación que funciona es una relación sana y enriquecedora, que no está viciada, asentada en el conflicto ni acomodada en el sufrimiento.

Veamos algunos de estos indicadores que, si los consideramos a tiempo, pueden ahorrarnos sufrimiento y ayudar a liberarnos de reiteraciones innecesarias.

Uno que me hace gracia, aunque no sea gracioso, es el sentirnos avergonzados por un rasgo de nuestra pareja. Insisto en que no debemos esperar que nuestra pareja sea perfecta; lo normal es que nos encontremos con personas cuyos rasgos de carácter no nos parezcan ideales en su totalidad, pero no hablo de eso; todos tenemos zonas oscuras que iluminar, heridas que nos pueden hacer reaccionar de forma inconveniente, costumbres que a otros les pueden resultar extrañas o incluso incómodas, etc. Pero nada de esto tiene por qué suponer un problema; son cosas normales de las que se puede hablar y con las que se puede convivir. Lo peligroso es que uno de esos rasgos nos genere tanta vergüenza que seamos incapaces hasta de compartirlo con nuestro mejor amigo, que nos resulte tan indigerible que incluso nos cueste asumirlo en nuestra intimidad mental, estando a solas con nosotros mismos.

Estos «defectos» a los que me refiero pueden ser muy distintos para cada persona. Para unos pueden estar relacionados con la apariencia física, para otros con la higiene, para otros lo vergonzoso puede ser el nivel cultural de su pareja, y así podría seguir indefinidamente, porque lo que a cada cual le hace sentir vergüenza es tan personal y subjetivo que en esta lista cabe cualquier cosa.

Si algo de tu pareja te resulta vergonzoso, no debes juzgarte por esa emoción, ni tampoco juzgarla a ella. Lo que deberías contemplar es que esa opinión que se esconde en un rincón de tu cabeza, mientras te avergüenza, te impide relajarte y, sobre todo, abrirte al amor. La vergüenza lleva implícita una sensación de indignidad y una necesidad de ocultación que te impedirán amar y dejarte amar. Mientras te sientas avergonzado por algo —no puntual— de tu pareja, experimentarás un conflicto profundo, y en la tensión el amor se hace pequeño hasta llegar a extinguirse.

Esto nos lleva al segundo indicador fundamental. No esperes que lo que te avergüenza o lo que no toleras de una persona desaparezca con el tiempo. Lo normal es que eso se enquiste y figuradamente crezca de forma descomunal. Seguramente habrás caído en la trampa de apostar a que esa persona terminaría cambiando «eso» por ti… Y si lo has hecho, habrás experimentado la frustración o la rabia y el agotamiento que surgen cuando te empeñas en golpearte contra un muro que no desea ser derribado y que, en ningún caso, está en tu mano derribar.

Es esencial comprender que existe una gran diferencia entre amar y respetar al otro, y cambiar por el otro. Cuando una persona cambia por otro está cayendo en el juego de la cesión de poder y la dependencia (de la que ya hemos hablado y de la que seguiremos hablando más adelante). Podemos y debemos cambiar únicamente por nosotros mismos, por una motivación interna, por una comprensión que nos abre a nuevas perspectivas y nuevas realidades, pero jamás para agradar a otra persona. Eso sí, debemos procurar ser cuidadosos y siempre respetuosos. En el mejor de los escenarios, podemos crecer gracias al ejemplo del otro. Sin embargo, esto dista mucho de renunciar a nuestra esencia, o de esforzarnos en maquillar algo que no hemos sabido ubicar o sanar en nuestro interior, para que el otro nos acepte o nos quiera.

No hay Amor en el empeño de cambiar por otro, como tampoco lo hay cuando te convences de que el otro cambiará por ti. Ambos posicionamientos están exentos de aceptación, de consciencia, de respeto, de libertad y de Amor.

Muchas relaciones han terminado cuando quien estaba seguro de que todo sería diferente más adelante asume, por fin, que nada va a cambiar. Esto suele anunciar un mal final. Lo usual es que al menos una de las partes se marche echándole en cara demasiadas cosas a su pareja; sin pararse a pensar en todo lo que podía haber descubierto o aprendido de lo que se le estaba mostrando, y de su propia resistencia mental y emocional.

Si alguna vez has estado con alguien esperando que cambiara, ten en cuenta que cuando le decimos al otro que deje de hacer lo que para él es normal, estamos dejando claro que no le aceptamos. Y diciéndole «cambia» no vamos a conseguir que se sienta amado. Es más, considera que, por mucho que nuestro ego nos dé razones para lo contrario, nunca sabemos si esa opción de cambio que ofrecemos o demandamos es lo mejor para la otra persona, ni siquiera sabemos si sería lo mejor para nosotros mismos…

Otro aspecto a tener en cuenta cuando iniciamos una relación de pareja son los valores. Cuando nos unimos a alguien cuyos valores son demasiado dispares, o incluso opuestos a los nuestros, el éxito de la unión es muy improbable.

Nuestros valores son los pilares sobre los que se sustentan nuestras creencias, y son estas las que, a base de repetición y suministro emocional, van conformando nuestra realidad. De hecho, nuestras creencias están ahí para proteger nuestros valores. Y si a la gente le cuesta cambiar una creencia, cuando hablamos de cambiar o renunciar a un valor… nos referimos a una hazaña a la que muy pocos están dispuestos.

Pondré un ejemplo sencillo basándome en dos valores usuales en nuestros tiempos. Alicia tiene como valor fundamental la seguridad. Desde este cimiento ha construido una vida acomodada, con un trabajo fijo y unas rutinas que la hacen sentir a salvo. Si la seguridad es su valor principal, todos los demás estarán supeditados a este y ella buscará esa sensación de estabilidad y protección en todo lo que forma su vida, máxime en una relación. Si por algún motivo, cuando conoce a Aram, cuyo valor fundamental es la libertad, decidiera iniciar una relación con él, terminaría muy estresada, porque la forma de vida de él, sus prioridades, sus actitudes y creencias serían opuestas a las suyas.

Con esto no estoy sugiriendo que tengas que emparejarte con alguien como tú, pero sí con alguien que no sea la negación o lo opuesto de lo que para ti, a nivel interno y externo, es cardinal. La afirmación de que los extremos opuestos se atraen puede ser cierta; la intención «cósmica» de esa atracción es que todos lleguemos a ese centro del que nunca debimos alejarnos, tener la oportunidad de ver otros rostros de la realidad, a veces antagónicos al que hemos creado como único. Pero más allá de lo positivo que puede resultar contar con un nuevo prisma más abierto del infinito campo de posibilidades en el que existimos, la unión entre dos personas cuyas prioridades no tienen puntos en común suele terminar en una confrontación en que ambos —o al menos uno de ellos— se frustren en el vano intento de hacer que el otro cambie sus valores, sus prioridades y su forma de vida. ¿Te imaginas a alguien cuyo valor fundamental es el dinero conviviendo con una persona que aborrezca el dinero? ¿O a alguien cuyo valor fundamental sea la honestidad y el amor con un mentiroso patológico que viva desde el miedo? ¿A que no tiene visos de final feliz? Claro que para identificar que esa persona con la que quieres empezar una relación, o con la que acabas de iniciarla, tiene valores opuestos o demasiado diferentes a los tuyos antes tendrás que saber cuáles son los tuyos.

Existen muchos otros indicadores frecuentes que nos advierten de que una relación no va a funcionar. Algunos tienen que ver con lo que ya comentado en un apartado anterior sobre las distintas formas de amar. Otros, con la estupidez de conformarse por miedo a que no aparezca nadie más. Sean cuales sean, negarlos solo nos empuja al sufrimiento y al juicio; ignorarlos nos conduce a cambiar amor por miedo y a silenciar lo que nuestro corazón nos grita, mientras entregamos las llaves de nuestro reino a nuestro ego.

REFLEXIONA

- ¿Cuáles son tus valores fundamentales?
- ¿A qué no estarías dispuesto a renunciar por una pareja? Y si lo hicieras, ¿desde dónde y para qué lo harías?
- Revisa los indicadores negativos que percibiste al inicio de tus relaciones pasadas y descubre para qué los ignoraste.

JUEGA

MI TESORO

Una de las costumbres más feas que existen y que, pese a los avances y los cambios sociales, se perpetúan es la del cotilleo. Curiosamente, a nadie le gusta, pero la incoherencia lleva a las personas a participar en lo que afirman no soportar, sin medir las consecuencias que puede tener para ellos y para los demás.

Como estoy segura de que no te agradaría que cotillearan sobre ti, vamos a intentar hacer uso del respeto y del sentido común para que lleves a cabo esta sencilla práctica. No hagas a los demás aquello que no te gusta que te hagan a ti. Tan sencillo como eso. Protege a la persona que amas, protege tu intimidad. Lo que cuentas de tu intimidad fuera de casa se ensucia, y eso revertirá de forma negativa en ti y en tu compañero o compañera. Si cuentas cosas feas estás desprotegiéndoos y faltando al respeto a alguien que confía en ti. Si cuentas cosas bonitas puedes despertar energías que no te interesa que toquen tu relación. Por lo tanto, respeta lo que compartes en tu intimidad, respétate, respeta a la persona a la que amas y guarda un amoroso silencio.

Los códigos de pareja y los imprescindibles

Lo que pasa hoy mañana se convertirá
en la normalidad;
prefiero que nuestra normalidad esté fundamentada
en actitudes que nos hagan sentir bien.

Que al inicio de una relación no encontremos ningún indicador rojo de «callejón sin salida» no garantiza el buen desarrollo de la misma.

Es más sencillo que las cosas fluyan cuando admiras y aceptas a tu pareja con todo lo que la forma (o casi). No obstante, tene-

mos que asumir que surgirán zonas incómodas que podrán herir-
nos, enfurecernos e incluso dar al traste con lo que podría ser una
auténtica historia de amor.

Para procurar que esto no suceda, voy a plantear algunas cuestiones que deberían establecerse con claridad desde el principio;
todas ellas serán dúctiles, y podrán modificarse a medida que las
personas y la relación crezca; pero una vez establecidas no deberían, bajo ningún concepto, obviarse.

Tengamos en cuenta que las relaciones entre las personas se
asemejan a la química. He utilizado este símil anteriormente y lo
vuelvo a hacer aquí porque me resulta claro y definitorio. Tal como
sucede con los elementos de la tabla periódica, por separado somos
«un algo» que se transforma en «otro algo» totalmente diferente
dependiendo de con qué elemento nos mezclemos. Y esta mezcla,
que es el resultado de muchísimos factores individuales, en una
pareja va generando de forma espontánea unos códigos que se convertirán en la base de la manera de relacionarse de las dos personas
que la forman. Está bien que estos códigos surjan de manera natural; pero es importante prestar atención al tipo de código que es o
puede ser tomado como normal en la relación.

Es altamente improbable que en tu pareja se den como normales códigos que difieran mucho de tus propios códigos. Dependiendo de la persona con la que estés, ciertas cosas se acrecentarán
y fluirán más y otras sucederán de forma más esporádica; pero lo
que no suele pasar es que afloren códigos con conductas y modos
que te sean totalmente ajenos. Por ejemplo, si tú sueles usar el
humor para desdramatizar situaciones complejas, el humor en sí
puede ser un código con tu pareja. Sin embargo, si eres una persona con poco sentido del humor, por muy divertido que sea tu
compañero o compañera, será muy difícil que el humor se con-
vierta en una de esas bases.

Pondré otro ejemplo: si te hablas a ti mismo en mal tono y
sueles insultarte, será fácil que el código principal de comunica-

ción con tu pareja se base en los gritos y los insultos; si, por el contrario, te tratas bien, te cuidas y cuidas la manera en la que te comunicas contigo, será impensable que toleres que el código del maltrato verbal se establezca como algo natural entre vosotros. Los códigos de pareja, esas parcelas que son lo natural entre dos personas y que sirven para formar una unidad entre ellas y un espacio de complicidad mutua, son tan dispares como las personas en sí mismas. Más que necesarios, son inevitables. Y lo importante es, como en casi todo lo demás, prestar atención para que no se instalen esos códigos que conviertan la relación en una copia de otra u otras que no funcionaron. Con esto no quiero decir que debas reproducir los códigos de las relaciones que te parece que sí funcionan, sino dar preponderancia a los que resulten saludables y agradables para ambas partes, códigos que establezcan un colchón confortable en el que ambos puedan disfrutar y crecer mientras se sienten a salvo.

Ten en cuenta que tu tolerancia a lo que te llega de fuera es directamente proporcional a lo que te das a ti mismo. Como he señalado ya, hay parejas que han adoptado el código de comunicación de los insultos o de los gritos, y esto solo puede darse porque por separado se tratan también así de mal.

Si piensas que dejar pasar una actitud que te resulta dañina no es tan grave, considera que esta se puede establecer como código. Es solo tu temor a perder a esa persona y tu falta de amor por ti la que te lleva a permitir esa manifestación de desamor que, en última instancia, estaría poniendo de manifiesto un reflejo de tu propia intimidad. Por otra parte, comunicarle a tu pareja a gritos que no vas a tolerar que te grite tampoco tiene mucho sentido.

Es mejor escoger coherentemente y cuidar las semillas con las que queremos que se construya nuestro jardín de amor e intimidad que permitir la siembra inconsciente que pueda generar tempestades en lugar de fuentes de vida y felicidad.

Y esto nos lleva a *los imprescindibles*.

Más allá de lo hermoso que es disfrutar del surgimiento y el establecimiento de los códigos de los que hemos estado hablando, hay que tener claro aquello que no vamos a poder tolerar que se establezca como «normal» en nuestra relación. Una vez más, la lista de *imprescindibles* sería interminable y muy variopinta si pretendiera detallar todo lo que, según el mapa de cada cual, podría ser indispensable. Pero lo que debe interesarnos de verdad no va más allá de lo que encabezaría nuestra propia lista y la de nuestra pareja.

Si ahora mismo te paras a revisar mentalmente tu lista de imprescindibles, puede que la confundas con una lista de deseos. Pero no estoy hablando de la enumeración de las cualidades ideales que te gustaría que tuviera tu pareja. Puede que tu lista de deseos incluya elementos como el romanticismo, el humor, la belleza, la generosidad y muchas más: cualidades que crees que convertirían tu relación en perfecta y que te harían muy feliz. A lo que me refiero —y por eso lo llamo imprescindibles—, es a aquellas cosas de las que de ninguna manera prescindirías o aquellas con las que de ningún modo podrías transigir. Esta lista, con total seguridad, será mucho más pequeña y estará formada, básicamente, por dos tipos de elementos: tus valores fundamentales —o bien sus opuestos— y los activadores de las heridas de las que ya eres consciente y estás procurando sanar.

Pondré un ejemplo de ambos.

Supón que para ti la valentía es un valor fundamental, un pilar desde el que construyes y vives tu vida. Entonces lo normal es que no soportes estar con alguien cobarde. En este caso la cobardía te resultaría un peso, un lastre con el que no te compensaría cargar. Para mí, por ejemplo, la honestidad es un valor fundamental que me ha llevado a abandonar a los hombres a la más mínima muestra de mentira y deshonestidad. Para mí la mentira no es justificable, y elijo ser leal conmigo misma respecto a esta convicción. La verdad abre las puertas de la realidad y de la libertad; la mentira solo fortifica los barrotes de las prisiones y del sufrimiento. Con esto no quiero decir que la honestidad tenga que encabezar tu lista de imprescindibles. Pero es fundamental que no te autoengañes, y eso implica que marques tus imprescindibles de forma coherente con tu sentir; no con tus ideales, sino con tu auténtica forma de vivir.

Veamos ahora un ejemplo del segundo tipo. Imagina que has descubierto que tu herida, o una de ellas, tiene que ver con los malos tratos a los que te sometió tu padre: sus gritos, sus golpes y las descalificaciones con las que te humilló. Cuando en tu travesía de consciencia has hallado esta raíz y te has comprometido a cuidarla, sabes que permitir que violenten esta zona, que aún está en carne viva, no te va a ayudar en nada, al contrario. Por esa razón, uno de tus imprescindibles sería la no agresión, ni verbal ni física. Y si se diera el caso de que tu pareja no quisiera o no pudiera respetar este imprescindible, no podrías permanecer a su lado; porque si, justificando su falta de respeto y de amor a ti, eligieras, por alguna macabra razón, hacerlo, tu herida no solo no sanaría, sino que se haría más profunda y malsana, lo que podría incluso incapacitarte para sanarla.

En resumen, los imprescindibles de cada cual son aquellas condiciones que por amor y respeto a nosotros mismos debemos establecer de forma clara desde el principio.

Si intuimos que no se van a cumplir y preferimos engañarnos no expresando lo importantes que son para nosotros, o apostando a que al final lograremos que la otra persona cambie, deberíamos asumir, como ya he dicho, que estamos estableciendo las bases de la relación desde el desamor a nosotros mismos y, por lo tanto, no cabría esperar que de esa siembra florezca nada hermoso.

Claro que también deberíamos tener en cuenta si nosotros cumplimos esos imprescindibles que esperamos o pedimos a la otra persona. Todos podemos convertirnos en algo mucho más grande y hermoso de lo que ya somos, pero entreteniéndonos en exigir al otro, en lugar de ocuparnos en el compromiso personal, no lo vamos a lograr.

Reflexiona

- ¿Cuáles son las cosas a las que no podrías renunciar por tener una relación de pareja?

- ¿Cuáles son las cosas que eliges no tolerar en una relación de pareja?

- ¿Cumples los imprescindibles que les pides a los demás o estás exigiendo que cumplan condiciones que tú mismo incumples?

Juega

CONVERTIRME EN LA PERSONA QUE PUEDO AMAR

Si guardas en tu mente un archivo con una lista de cualidades que admiras y que, según tu criterio, aplicadas a tu pareja te servirían para tener paz, para amar más o para ser feliz, comprométete a manifestar tú esas mismas cualidades. Conviértete en esa persona a la que te resultaría natural amar.

No pierdas tiempo y energía diciéndole a tu pareja cómo debe ser o qué debe cambiar; sé tú el ejemplo mien-

CAPÍTULO 9 | 179

tras te disfrutas. Y recuerda que, por muy maravilloso que alguien pueda llegar a ser, mantendrá una parte de sombra que en ningún caso debe servir para descalificar su luz.

Espacio para el crecimiento

Cuando no te dejo hacer, tampoco te dejo ser.
Cuando no te dejo ser, es mi miedo el que habla,
nunca mi Amor.

Si bien he tratado este tema de forma somera en el capítulo 8, creo que merece un apartado propio.

Existe otro factor que resulta fluido y natural cuando amamos que hay que tener en cuenta si queremos que una relación funcione desde el principio. En ningún momento debemos olvidar que una relación de pareja está formada por dos individuos que tienen su propio camino, sus necesidades y sus oportunidades de evolución. Una relación de pareja en ningún caso debería acabar con la extinción de uno de los dos individuos, y si eso sucede es que en esa relación no existe el amor. Una forma de evitarlo es respetar el tiempo y el espacio que cada uno necesita para las actividades que no desarrollan en común. Es cierto que es importante que entre ambos existan gustos o fuentes de bienestar comunes, pero igual de cierto es que la diversidad de esas fuentes enriquecerá a los individuos y, por tanto, dignificará la relación. Si ambos disfrutan haciendo ejercicio físico será maravilloso que compartan su tiempo de deporte; pero si solo uno de ellos es aficionado al deporte, el otro debería animarle a seguir con esa actividad que le resulta nutritiva, relajante, divertida…

Hay que comprender que una relación de pareja sana no exige pasar todo el tiempo juntos compartiéndolo todo. La salud de la pareja depende de la salud de las unidades que lo forman, de las fuentes de felicidad que cada uno sume, a veces después de haberlas integrado en solitario.

Un ejemplo clásico de enfrentamiento en la pareja es el de los amigos no comunes; suele ocurrir en relaciones inmaduras basadas en el miedo y la necesidad, y puede dar lugar a desencuentros cuando una de las personas está atrapada en los celos o teme que esos amigos le aporten más a su pareja que ella o él mismo. Este tipo de situaciones puede generar grandes batallas cuando el ego hace que uno olvide que cuanto más rica y sana sea la vida del otro más dispuesto estará este para el Amor. Y puede transformar lo hermoso en horror cuando desde la desconexión con nuestro centro confundimos compromiso con control.

Por otra parte, sería muy raro que los miembros de una pareja no compartiesen ningún placer o que solo disfrutaran haciendo cosas por separado. En este caso, ambos deberían plantearse muy seriamente para qué mantienen esa relación. Pero más allá de esta situación absurda, aunque más común de lo que parece, hay que comprender que la intimidad del individuo es tan sagrada como la de la pareja y que los intentos de acabar con ella siempre proceden del ego, de sus necesidades, de sus obsesiones y sus temores. Y, claro, moverse desde aquí solo puede acabar en situaciones de dependencia y de aburrimiento, así como en chantajes y presiones que en nada se parecen al Amor.

REFLEXIONA

- ¿Has dejado de hacer cosas que te gustaban y te sentaban bien por otra persona? ¿Para qué?

- ¿Has pretendido que otro dejara de hacer cosas que le gustaban y le sentaban bien por ti? ¿Para qué y *desde dónde?*

- ¿Te has impuesto como costumbre hacer cosas que no te agradan con tal de no separarte de tu pareja? Si la respuesta es sí, ¿qué has conseguido y qué has perdido haciéndolo?

Saber escuchar

*Solo cuando cesa el ruido de mi mente
y mis voces aprenden a callar encuentro la paz.
Solo cuando me aparto te dejo espacio.
Solo cuando dejo de pensar en lo que dijiste,
en lo que vas a decir y en lo que callas
te puedo escuchar.*

La escucha es una de las cualidades que más escasean en esta sociedad, tal vez porque no nos enseñan a escuchar, porque no nos han escuchado o porque no practicamos el silencio y la escucha interior. Sí, normalmente oímos, pero ¿cuántos tenemos la capacidad de la escucha desarrollada? ¿Cuántos somos capaces de acallar nuestras voces interiores, nuestras expectativas y nuestros juicios mientras otro se expresa? ¿Cuántos sabemos oír solo lo que el otro está diciendo, sin contaminarlo con nuestros mapas? ¿Cuántos somos capaces de descubrir lo que en realidad nos comparte quien está frente a nosotros? ¿Cuántos podemos abstraernos de nuestras limitadas creencias para descubrir lo que expresa quien está frente a nosotros? ¿Cuántos prestamos auténtica atención al lenguaje corporal, a las palabras y a los silencios de quien tenemos delante? Si no somos capaces de escuchar, ¿cómo vamos a conocer y a comprender al otro? Lo cierto es que mientras no aprendamos a escuchar tampoco podremos conocernos a nosotros mismos, ni desentrañar esa esencia inocente que ha quedado sumergida bajo el barullo emocional de nuestra *inversión de vida* y sus requisitos.

Confío en que la reflexión sobre estas preguntas ayude a discernir lo importante que es la escucha en cualquier relación, desde la que mantenemos con nosotros mismos hasta las que establecemos con otras personas, máxime cuando se trata de alguien a quien amamos.

Claro que solo podremos activar nuestra escucha en la medida en la que la pongamos a nuestra propia disposición.

Como he dicho, escuchar no es sinónimo de oír. Para escuchar necesitamos un alto nivel de atención, imparcialidad, apertura mental y una actitud neutral y responsable desde la que ni pretendamos saber más que el otro, ni deseemos salvarle, ni necesitemos competir con lo que nos esté contando.

Cuando no practicamos la escucha, nuestro ego se adelanta a lo que va a recibir y lo enjuicia, sin tener en cuenta que existe una vasta realidad más allá de sus pequeñas estanterías. Después, a una velocidad que nos pasa desapercibida, activa las emociones, que ha aprendido a conjugar con lo que está juzgando, y así nos empuja a unas reacciones que, a menudo, nos alejan aún más de lo que tenemos enfrente. Podemos ponernos a la defensiva ante una ausencia de ataque, o dar extensos consejos a quien tiene las cosas más claras que nosotros y no nos ha pedido opinión, o impedir que el otro termine su narración porque le interrumpimos intentando competir con recuerdos de nuestra vida que consideramos que van más allá de lo que le está sucediendo o le ha sucedido a él, o simplemente nos perdemos lo que queríamos oír, incluso la verdad...

La escucha no está contaminada de juicios, ni de prejuicios, ni de *spoilers*, ni contiene nada que no sea silencio, receptividad y atención. Solo escuchando podremos conocer, y solo cuando conozcamos podremos Amar.

Además, al escuchar sin contaminar con nuestros filtros, nuestros miedos y nuestros anhelos, evitaremos muchísimos malentendidos. Siempre es preferible preguntar y corroborar que hemos comprendido lo que el otro quería decir a iniciar una batalla o una huida por un malentendido.

Solo aprendiendo a escuchar podremos desprendernos de mentiras y reacciones del ego, que nos empujan a la inercia de la reacción agresivo-defensiva (interna o externa) y nos alejan de la paz y del Amor. Y lo que es igual de importante, solo escuchándonos podremos tomar conciencia de las energías y emociones predominantes en nuestro interior. El ruido mental y verbal es una de las formas más habituales de desconexión con la esencia y de ocultación de la verdad. Ese ruido, mezcla del barullo mental constante y diarrea verbal vacía de contenido en el exterior, nos mantiene tan atontados que imposibilita cualquier toma de conciencia y entorpece los cambios, el autoconocimiento, la autorrecuperación y, como he dicho, la paz y el Amor.

Suelo dedicar mucho tiempo a hablar del poder del verbo y de la responsabilidad que supone esta varita mágica de la que todos disponemos, como también dedico gran parte de mi energía a intentar que comprendamos el daño —demoledor— que nos hacemos al utilizar el verbo en nuestra contra —y en contra de los demás—. He observado que demasiada gente tiende a llenar cualquier espacio de palabras, aunque no digan nada o repitan siempre la misma retahíla insustancial. Lo hacen sin respetar a quien está cerca, porque no se respetan a sí mismos. Lo hacen por miedo al silencio en el que se podrían encontrar consigo mismos, y por miedo a la soledad que ellos mismos engrandecen con su ruido. Aunque también me he encontrado con personas muy calladas —por fuera— pero igual de tóxicas o peligrosas. La práctica del silencio y la escucha interior es básica en el camino de retorno a nosotros mismos; es fundamental para que logremos reinstaurar el Amor.

Como tantas veces explico, el verbo es una herramienta mágica de la que todos disponemos. Las palabras pueden transformar nuestras estructuras físicas (epigenética), transmutar nuestras creencias y nuestras circunstancias, activar la sanación, la evolución y la felicidad en nuestros cerebros y corazones, o arrojarnos al más oscuro de los avernos, condenándonos a una cadena perpetua de desamor. Por estos y otros motivos es tan importante activar la escucha interior. De nada sirve que aprendas eslóganes positivos si tu verbo interno se mantiene repitiendo decretos negativos contra ti, contra la vida y contra los otros. De nada vale la breve expresión externa si la sempiterna expresión interna se pierde en una algarabía de sentencias nefastas.

REFLEXIONA

- ¿Sabes escucharte o te conformas con el galimatías de tus voces interiores y las sentencias que te dicen «cómo eres»?

- ¿Es tu lenguaje interior positivo o negativo?

- ¿Estás tan acostumbrado a tu ruido que no sabes lo que estás diciendo o diciéndote a tí mismo?

- ¿Cuál es tu actitud interior y cuál la exterior cuando alguien que te importa te está transmitiendo algo? ¿Tiendes a terminar sus frases? ¿Dejas rápidamente de prestar atención a lo que dice? ¿Tiendes a considerar que lo tuyo es más importante que lo que te cuentan? ¿Sabes, más allá de las palabras, prestar atención al lenguaje corporal y a lo que te dicen?

ANTES DE TERMINAR

RECUERDA

- Lo importante no es cómo te muestren el amor, lo fundamental es que, cuando alguien te ame, tú te des cuenta y te concedas el permiso de recibir y disfrutar ese amor.

- Tienes derecho a expresar a tu pareja lo que necesitas, pero en ningún caso puedes exigirlo. Como tampoco deberías utilizar la ausencia de una forma determinada de demostración de afecto para amargarte y quejarte mientras cargas contra la persona que has elegido como compañera.

- Siempre que eliges dejar de amarte, cada vez que te abandonas, le estás abriendo las puertas y las ventanas al miedo.

- Cuando actúas desde la ausencia de amor a ti, le quitas el permiso de amarte a los demás.

- Lo que no está bien al principio, rara vez estará bien al final.

- Es probable que, si te conformas con «pequeñas cosas» que te hacen sentir mal, te estés creyendo capaz de cambiar a la otra persona. En ese caso, te lanzarás a un abismo de frustración que nada tiene que ver con el Amor.

- Pretender que otro cambie por ti es un acto de soberbia, no de amor.

- Si te eres desleal y permites que algo que te hiere se establezca como normal en tu relación, el responsable de tu sufrimiento serás tú.

- Desde el respeto tienes derecho a expresar tus necesidades y preferencias, pero en ningún caso a esperar que otra persona cambie por ti.

- Cuando amas no necesitas tener control sobre aquel al que amas.

- Si tienes miedo de lo que algo o alguien que no seas tú le pueda aportar a tu pareja, no estás amando. Y desde luego, no te estás amando.

- No tiene sentido permanecer junto a alguien que no te interesa, como tampoco lo tiene estar con alguien que no muestra interés por ti. Dicho esto, ten en cuenta, que la ausencia de escucha interior es un indicativo de que no muestras interés por ti mismo.

- Mientras no aprendas a escucharte no serás capaz de alcanzar la honestidad que te puede liberar de las inercias aprendidas y las creencias limitantes.

ALQUIMIA

Llega cuando aprendes a discernir lo trascendental de lo intrascendental y le das importancia a lo esencial, mientras descargas de importancia y sueltas todo lo demás.

Capítulo 10

Batallas ganadas, guerras perdidas

En las batallas del ego nunca hay vencedores,
pero siempre hay vencidos.

He conocido a mucha gente que vive la vida como si se tratara de una lucha en la que hay que defenderse e intentar vencer de forma constante. Debería ser evidente que esta forma de vida no solo no está basada en el Amor, sino que además lo imposibilita.

Vivir la vida como una lucha, como un campo de batalla en que debes atacar o protegerte, no solo resulta agotador, además es muy triste y nada productivo. ¿Cómo vas a abrirte al Amor si crees que puedes ser atacado en cualquier momento? ¿Cómo vas a abrirte al Amor si te enfocas en el miedo y te entretienes en elaborar estrategias de defensa, si tu mirada busca todo lo que puede estar mal y lo juzga y lo condena, si tu vida está dominada por tu ego? ¿Cómo vas a abrirte al Amor si sigues buscando malos que te mantengan alejado del Uno?

Hay una parte en nosotros que, una vez doblegada nuestra esencia a la pequeña realidad a la que nos empujan a acomodarnos, se empeña en calificar cada circunstancia, cada emoción y a cada persona como buena o mala, como favorable o desfavorable, como amiga o enemiga, y esa parte es lo que yo llamo *ego mal educado*. No me extenderé aquí hablando del ego. (He dedicado ya un libro a esta parte de nosotros que puede ser transformada para convertirse en nuestra aliada y dejar de ser el tenebroso tirano que mueve nuestros hilos emocionales desde la sombra y nos conduce a manifestar más pesadillas que sueños). Pero sí tengo que mencionarlo para explicar que gran parte de las relaciones terminan mal «por él».

Mientras el alma y, como manifestación de la misma, el corazón, solo están interesados en Amar, el ego mal educado, ignorante del Amor, gasta mucha o toda nuestra energía en tener razón.

El corazón sabe que todo es perfecto, aunque no lo entienda, y desde esa consciencia puede rendirse, aceptar y fluir. El ego, por el contrario, se esfuerza en demostrar, en controlar y, como he dicho, en tener y obtener la razón.

El corazón se compromete con lo que facilita su gozo y su evolución. El ego se apega a lo que le hace sentir subidones emocionales y, sobre todo, a aquello que le hace sentir seguro o especial.

El corazón solo conoce el instante presente. El ego navega de forma laberíntica entre las memorias emocionales de lo que considera su pasado y las posibles pesadillas o los idílicos sueños de su posible futuro.

El corazón recuerda que es una parte del Uno; recuerda que es todo y que cada causa, nazca o no de él, tiene unos efectos para el Todo. El ego te hace pensar que eres el centro de un miniuniverso, el protagonista de un drama eterno, y para que tú lo sientas así te carga de importancia, nubla tu sonrisa y te lleva a defender tu trono de irrealidad mientras mendigas atención.

En definitiva, el ego mal educado ni sabe Amar ni sabe dejarse Amar. El ego mal educado, en un vano intento de protegernos de nuestra herida primordial, que es común a todos y supone la raíz de nuestro temor al abandono, nos encadena en la percepción de la dualidad, haciéndonos creer que vivimos en una guerra de bandos enfrentados, y nos empuja a ganarnos el favor del bando que hemos decidido consciente o inconscientemente calificar como bueno.

En medio de ese inadecuado pero persistente sistema de protección, el ego solidifica sus cimientos —que son nuestros límites— entre miedos y necesidades. Y en esa distorsión de lo que somos y de lo que podemos y debemos ser, olvidamos que, al igual que nuestras células, mientras permanecemos en estado protección, ni podemos realizar ningún tipo de intercambio con lo que existe más allá de nosotros ni podemos evolucionar.

Hasta el momento no he conseguido que ninguna de esas personas que me he encontrado atrapadas en la creación y la recreación de su propia guerra particular tomara conciencia de que esa forma de vida —por llamarlo de algún modo— era solo una opción. Estas personas tienen creencias tan arraigadas acerca de los múltiples peligros que acechan y de la multitud de patanes que pueden cruzarse en su camino que no llegan a plantearse deponer las armas. Y así, confundidos en el imperio de sus egos, continúan manifestando circunstancias que justifican su armamento mental y emocional.

Como ya he dicho, no pretendo negar la existencia de circunstancias y comportamientos humanos que, desde nuestra consciencia limitada, resultan del todo inexplicables y terribles. Pero eso no mengua el convencimiento que siento de que, mientras sigamos juzgando y devolviendo odio e ira a los que por sentirse perdidos convierten su sufrimiento y su miedo en agresión, esta manifestación de nuestra sombra proyectada en otros seguirá sucediéndose, haciéndonos pensar que aún estamos muy lejos del Hogar. Mientras aplastemos nuestra inocencia en pos de un control y unos dogmas que mutilan la grandeza de nuestro Ser, y justifiquemos nuestras preferencias y nuestro derecho a la no aceptación, seguiremos sintiéndonos falsamente solos, pequeños, indefensos y extraviados de nosotros mismos.

Da igual si hablamos de esto de una forma global o de manera personal. Lo pequeño es reflejo de lo grande y lo grande es reflejo de lo pequeño. El cambio trascendente de un solo individuo revierte en la totalidad del sistema humano, al igual que la caída de cualquiera de nosotros genera un tsunami en la red que nos une a todos.

Mientras no seamos conscientes de la repercusión de nuestras palabras, de nuestros pensamientos y de nuestras acciones —o ausencia de ellas— para todos los seres que viven, en apariencia, separados de nosotros, no estaremos reinstaurando el Amor. Y deberemos seguir experimentando la diversidad de nuestros puntos de vista, de nuestras heridas, de nuestros rechazos y preferencias hasta sentirnos saciados de esta apariencia y rendirnos y entregarnos, totalmente expuestos en nuestra vulnerabilidad, porque por fin reconoceremos que no hay nada que temer.

Vivir en guerra es solo una opción, innecesaria pero elegible. Si desde tu niñez o desde que estabas en el vientre de tu madre has experimentado la energía del miedo y has recibido mensajes de peligro y advertencias contra todas las personas malas que te podías encontrar y todas las cosas malas que podían pasarte, es normal que tus creencias estén fortificadas y hayan convertido tu existencia en un mapa bélico en el que «los enemigos» son bienvenidos. Ten en cuenta que necesitas atraer y sentirte atraído por quien puede llevar el disfraz de «malo» para mantener tus creencias pasivo-agresivas. Si en algún momento te cansas de batallar y logras trascender esa apariencia de «los buenos contra los malos», y tu consciente y tu inconsciente se ponen de acuerdo en mantener una armonía que no permite las incoherencias, puede que no te libres de ser testigo de locuras, exabruptos o aparentes injusticias, pero cuando alguna de estas se cruce en tu camino, no tendrá el poder de robarte la paz. Comprenderás que no entiendes y así no alimentarás esa distorsión, nada más. No necesitarás ganar esa batalla, porque serás consciente de que la guerra no existe, es solo la manifestación de muchas formas de pensamiento que sobreviven alejadas del Amor. Y te aseguro que quien sobrevive alejado del Amor lo que más necesita, aunque no lo sepa, es Amar y sentirse Amado. Ofrecerle más miedo, más ira o rencor es la peor forma de darle la razón; es la manera más dura de negarle la oportunidad que todos merecemos y necesitamos de sanar la herida más antigua, que nos ha hecho olvidar que somos lo mismo, somos Uno.

Reflexiona

- ¿Esperas encontrarte enemigos, temes por todo lo malo que puede cruzarse en tu camino?

- ¿Vives tus días como si se tratara de batallas que ganar?

- ¿Crees que puedes ser atacado, robado, traicionado... en cualquier momento? ¿Cómo vas a abrirte al Amor si piensas así?

- ¿Tu mirada busca todo lo que puede estar mal y lo juzga y lo condena? Si es así, ¿cómo te vas a abrir al Amor y a lo mejor que la vida tiene para ti?

- ¿Confías en los demás? Si no confías, deberías revisar qué es lo que no te hace digno de confianza a ti.

- ¿Te has parado a pensar lo que pierdes cada vez que te empeñas en tener la razón?

Dos no es sinónimo de confrontación

En el Amor no hay espacio para la guerra,
porque en el Amor no cabe el miedo.

Debemos comprender, y no solo a nivel consciente o racional, que una relación no es un campo de batalla. Una pareja no es una confrontación en la que debemos protegernos o defendernos de un enemigo, ni una carrera de obstáculos en la que tengamos que luchar y desgastarnos para erigirnos como vencedores, ni tampoco una guerra en la que ir celebrando nuestras conquistas, que son las derrotas del contrario. Una pareja debe ser una unión consensuada en que ambas partes se sientan siempre a salvo. Una pareja debería recrear en su unión un espacio en el que la nostalgia del Hogar se desvaneciese, una mirada en la que el Amor se reinstaurase a sí mismo instante a instante; una esfera milagrosa en la que el auténtico descanso del guerrero fuera tan cierto que este se pudiera despojar para siempre de su armadura y de sus armas. Pero la realidad, como hemos estado viendo, es que cuando establecemos nuestra relaciones de pareja llegamos mal heridos de batallas en las que fuimos simples víctimas indefensas, de guerras en las que fuimos enrolados sin nuestro consentimiento y de emboscadas a las que nos lanzamos desde la ignorancia. Y estas memorias grabadas con sangre emocional, a menudo nos empujan a portar pesados escudos y grandes espadas, que solo sirven para cercenar nuestras esperanzas y anclarnos en la reiteración de las creencias infectas que hemos heredado y hemos terminado confundiendo con la realidad.

Una relación de pareja nunca debe confundirse, a ningún nivel y en ningún momento, con un campo de batalla en el que se enfrenten dos bandas con objetivos contrapuestos. Por el contrario, debe ser un terreno de cultivo de Amor y sostenimiento para la sanación, la evolución y la plenitud. Y si algo nos hace olvidar esta verdad fundamental, es porque estamos atrapados en la ignorancia y hemos dejado de alimentar el amor hacia nosotros para alimentar el miedo.

Puedo comprender que al estar malherido temas que te vuelvan a hacer daño, pero... si vas a iniciar una relación con alguien que piensas que es probable que te lastime, deberías revisar cuatro puntos. Uno es si tu desconfianza es más grande que el amor que sientes y que estás dispuesto a sentir. Si la respuesta es sí, deberías ser coherente y no establecer una nueva relación que con casi total seguridad vas a boicotear desde tu propia desconfianza. Cuando no estás preparado para confiar tampoco lo estás para establecer las bases sanas de una relación, porque haga lo que haga la otra persona, tu propia suspicacia va a crear motivos que justifiquen el sentimiento de traición, de decepción y de deslealtad.

El segundo punto que deberías revisar es si solo te sientes atraído por personas capaces de hacerte daño, por personas perniciosas, que no generan confianza o son malévolas. Si la respuesta es sí, una vez más el consejo es que no te involucres en una relación. Sería mucho más provechoso que revisaras qué parte lastimada o masoquista de ti busca unirse a pendencieros. Deberías, sobre todo, analizar en profundidad cuál es la ganancia (a veces muy soterrada) que obtienes enredándote en relaciones que sabes que te van a mantener malnutrido y malherido. Puede que inconscientemente estés empujándote a una reiteración enfermiza de la raíz de tu herida fundamental, quizá para verla y poder ocuparte de ella. Puede que te hayas empeñado, absurdamente, en demostrar que eres capaz de lograr que las cosas sean diferentes sin cambiar nada. Tal vez necesites del desgarro emocional para sentir que perteneces a tu clan o a la humanidad, o simplemente para sentirte vivo. Es posible también que utilices tus fracasos para obtener la atención de otras personas. O puede... Pueden ser muchas cosas, pero tu verdad solo las conoces tú y cuando te enfrentes a ella comenzarás a liberarte.

El tercer punto que debes analizar es si, inconscientemente,

194 | REGRESA A TI

estás buscando a alguien similar a quien ya te dañó para poder volcar en él tu resentimiento. Aunque nunca me he vengado ni he sentido la necesidad de hacerlo, estoy segura de que la gratificación que esta actitud puede ofrecerte es ínfima o nula. Y mientras inviertes tu tiempo y tu energía en este objetivo, te estarás perdiendo todo lo bueno que existe más allá de tu atadura emocional, tu rabia y tu sufrimiento.

Como decía Buda, «odiar es como tomar un veneno y esperar que muera el otro».

Finalmente, el cuarto punto... Bueno, del cuarto hablaré al final de este capítulo.

Supongamos que no te sientes identificado con ninguno de los tres supuestos anteriores y que nunca has pensado que tu comportamiento en tus relaciones tuvieran similitud alguna con la de los guerreros que temen ser derrotados o con aquellos que buscan vengarse. Aunque esta sea tu percepción, es muy probable que hayas vivido momentos en los que una frase o una actitud de tu pareja te hacen enrocarte en una posición ofensiva o defensiva. Situaciones que suelen ser bastantes absurdas si las observamos desde la disociación, en las que has sentido ganas de estamparle el rostro contra sí mismo para ver si así se daba cuenta de lo que tú, desde el lado opuesto, estabas viendo o sintiendo. O momentos en que una furia, a menudo desmedida, te ha invadido de forma repentina y absoluta (da igual si la has expresado o la has contenido). ¿Sí? ¿Lo has experimentado? Lo imaginaba. Lo cierto es que no conozco a nadie, por mucho que ame a su pareja, que no haya vivido algún episodio de este tipo. Y es igualmente cierto que, más allá de la absoluta paz interior, no creo que exista manera de evitarlos; pero sí hay una forma de conseguir paliar los efectos devastadores que estos incidentes pueden producir.

Lo peor de estas eventualidades es que, en medio de la rabia que te enciende como si fueras un barril de pólvora, tu ego se infla y te empuja hacia los agujeros negros de tus supuestas carencias. Puede que en ese minidrama transitorio te sientas incomprendido, o que no se te tiene en cuenta, o muy insignificante, incluso ridiculizado, etc. Sea lo que sea lo que engrandezca tu ego, se va a empequeñecer el amor que sientes. Y cuando el amor empieza a menguar, los demonios empiezan a encontrar rendijas por las que iniciar la destrucción.

Si piensas, erróneamente, que es primordial no dejar pasar ni una; si cada vez que te encuentras ante un suceso del tipo que hemos comentado te empeñas en tener razón y marcar unos supuestos límites a base de hachazos, o si por el contrario te escondes y huyes a pasajes horribles, al recuerdo de actos similares que has ido almacenando dentro de ti, no te estarás haciendo ningún favor. Lo coherente, lo que funciona, es detenerse, pero no desde la contención, sino a través de la elección. Es mucho mejor retirarse, sentir y decidir si se elige seguir amando. Puedes encerrarte en el baño y, mirándote al espejo, transmitir a ese reflejo, que también es él o ella, cuánto le amas y cuánto le aborreces en ese instante, pero sobre todo cuánto le amas. Puedes «vomitar» por escrito las emociones venenosas que se te acaban de activar, sin perder de vista que es más grande el amor que sientes que ese suceso intrascendente que, como tal, será olvidado mucho antes de que el amor desaparezca. Puedes hacer muchas cosas; pero, sobre todo, en medio de esa tormenta emocional, deberías elegir amar por encima de tener razón. Recuerda *desde dónde* estás con esa persona y *para qué* estáis juntos. Recuerda lo que sientes hacia ella y lo que ella te hace sentir. Y comprende que si optas solo por intentar ganar esa absurda batalla, puede que lo logres, pero a costa de perder lo fundamental. Cuando tu actitud se acomoda en la inercia o en la necesidad imperiosa de ganar pugnas, a la larga lo único que conseguirás serán grandes pérdidas: la pérdida de la paz, la pérdida del amor.

Imaginemos ahora que no se trata de un suceso menor, que se trata de algo que te ha generado o te ha activado una herida profunda. Deberás actuar entonces del mismo modo. Primero, siente cuánto amas y también cuánto te amas: elige el amor. Y luego exprésate desde ese amor. Procura sacar la rabia —si la hay— de la forma menos corrosiva. Di lo que necesites decir para que el otro entienda lo que te ha hecho sentir y para intentar que no vuelva a suceder. Actúa con la firmeza que sea necesaria, sin perder la ternura. Ten en cuenta que si quieres que sean cuidadosos contigo deberás ser cuidadoso con los otros. Pero en ningún caso te expreses para demostrar que tenías razón. Como he dicho, si ese es tu objetivo, puede que al final lo consigas, pero solo tendrás eso, la razón, algo que solo le interesa a tu ego. Y recuerda no abrir un archivo mental para ir almacenando todas las cosas que no te han parecido bien. Comunica lo que necesites en el momento oportuno, sin aprovechar para echar en cara lo que sucedió o no sucedió en el pasado.

En una relación de pareja, como en la vida, hay que ser valientes y también hay que ser pacientes y humildes. Estas cualidades, que se deben cultivar día a día, te ayudarán a darte cuenta de cuándo te has extralimitado, de cuándo has herido y de cuándo te has alejado de lo fundamental. Solo siendo valientes, pacientes y humildes seremos capaces de reubicarnos, de frenar nuestras actitudes perniciosas y de pedir perdón, conscientes de que hacerlo no es en absoluto ninguna humillación.

Además, cuando te enfureces o te victimizas y permites que venza tu orgullo, impides que el Amor te acaricie. Seguro que lo has vivido; se trata de esos momentos en los que te has enojado mucho y, para mantener la razón e impedir que desapareciera ese enfado —que, gracias al cielo, se acabaría diluyendo con un poco de tiempo, de humildad, de compasión y de sentido común—, has rehuido cualquier muestra de cariño o acercamiento de tu pareja (o de un ser querido). Quizá esta ni siquiera fuese la causante de tu irritación, pero esa energía de rabia o de víctima te había inundado y, cruzado de brazos y con la mirada encendida o perdida, o ambas cosas, te has dejado llevar por las emociones más negativas —las que alimentan y justifican el sufrimiento—, en lugar de frenarlas y dejarte abrazar o acariciar por quien, en ese momento, prefería amarte a «alimentar a tu monstruo». No estoy diciendo que haya que negar lo que sentimos, pues negándolo jamás podremos conocernos ni sanarnos. Pero nunca deberíamos dejar que las emociones perniciosas cerraran las puertas del Amor. Por muy heridos que lleguemos a estar, nada justifica que nos enroquemos en una posición que sobre todo nos hace daño a nosotros mismos y que puede terminar enquistándose como forma de supervivencia, impidiendo que percibamos ningún registro de lo que es realmente el Amor y llevándonos a destruirlo al más mínimo asomo.

Vayamos ahora a ese cuarto punto que he dejado para el final de este capítulo sobre la pareja. Antes de analizar si vives las relaciones como si de guerras se tratara, deberías observar honestamente el grado de beligerancia que hay en tu interior. Mientras vivas en guerra contigo mismo no serás capaz de mantener relaciones de paz con otros. Si dentro de ti hay distintas voces luchando entre ellas por la supremacía, distintos personajes con motivaciones contrapuestas que te mantienen en la incoherencia y en la ansiedad, las manifestaciones que crees inconscientemente en tu realidad serán un reflejo fiel de estas contiendas. Mientras seas tu propio depredador y tu peor enemigo, verás el peligro y la maldad fuera, se lo colgarás como un disfraz esperpéntico a los demás, incluida tu pareja. Así que cada trifulca que tengas con ella probablemente estará reflejando una zona bélica que se esconde dentro de ti.

Una vez más, el trabajo del uno se hace primordial si quieres alcanzar un estado sublime en el dos. Cuantas menos sean tus batallas internas y menor sea tu grado de incoherencia, más Amor vas a sentir por ti y, por tanto, más sencillas, fluidas y gratificantes te resultarán las relaciones con los demás.

Considera, además de todo lo expuesto sobre las diferencias entre los comportamientos del ego y el corazón, que la combinación de miedos y necesidades da lugar a largas listas de preferencias absolutamente personales que pueden ser fácilmente usadas para justificar nuestras decepciones. Cuanto más decepcionados nos sentimos, más excusas ideamos para mantener actitudes defensivas y anestesias en el corazón. Debido a tanta preferencia y tanto rechazo egoico, la aceptación y la compasión que siempre acompañan al Amor se hacen inviables. Y lo que es peor, a pesar de las entelequias del ego, en medio de esa fantasía que parece tenerlo todo tan claro, resulta imposible reducir el vacío existencial de las personas que sobreviven separadas de sí mismas, de su esencia y de su corazón.

De cualquier manera, si de verdad estás comprometido con esa persona con la que has decidido compartir un trecho del camino, o el camino completo, tienes que tener claro que no siempre vais a estar de acuerdo en todo. Habrá terrenos en los que os cueste un poco más entenderos, e incluso podéis tener parcelas de intereses divergentes, pero esto no tiene por qué generar discusiones. Una vez más, tendrás que preguntarte qué es lo más importante. Si tu respuesta, una vez tras otra, es tener razón o ganar la batalla, nada de lo que expongo aquí te va a servir. Sin embargo, si lo primordial es el Amor o el amor que sientes, será sencillo que encuentres puntos de encuentro que permitan desmadejar los posibles conflictos antes de que se conviertan en tales.

Teniendo en cuenta que para cada miembro de la pareja habrá determinadas cosas que tendrán más o menos importancia, será sencillo y coherente ceder en lo que para el otro es primordial. No se trata de priorizar siempre al otro ni de relegarte para evitar discusiones: eso carece de sentido. Estoy hablando de establecer un diálogo, de conocer a tu pareja y respetar lo que para él o ella sea vital. Es hora de que nos demos cuenta de que ceder no es sinónimo de debilidad; de hecho, siempre y cuando no estés renunciando a algo que para ti sea cardinal, denota inteligencia emocional. Luchar por lo intrascendente sin calibrar lo que puedes perder y el daño que puedes hacerte y hacer sí es sinónimo de debilidad —y de estupidez, añadiría—. Empeñarte en mantener un control (ficticio) que parece dominar las situaciones y a las personas, alejándote de los movimientos naturales y fluidos que te llevan a la paz y al descanso, también es sinónimo de debilidad e inconsciencia. Solo las personas temerosas, que en el fondo de sí mimas se sienten insignificantes, intentan controlar. Piensan que poniendo límites y dando directrices muy concretas estarán a salvo del dolor y de todo aquello que temen. No saben, o no recuerdan, que la única forma de trascender el miedo es mirándolo a los ojos. No saben que ese mismo control que tanto esfuerzo les cuesta es el que les arrebata el poder y las aleja de la serenidad y el amor. Establecer códigos, llegar a acuerdos, comprender, practicar la compasión, la aceptación y la sagrada rendición —desde la que activas tu fe en ti y sueltas toda forma de resistencia y control— son sinónimos de fortaleza de corazón, jamás de debilidad.

Como doy por hecho que la mayoría de nosotros no está iluminado y que, por muy buena voluntad que tengamos, vamos a vivir algún que otro desencuentro con nuestra pareja, quiero acabar este capítulo compartiendo algunas costumbres que siempre ayudan a que esos desencuentros no terminen en épicas batallas sin supervivientes:

— No discutas en la cama. La cama es la parte central de tu casa (tu templo) y debe ser usada solo para dormir y hacer el amor, jamás para discutir. Ten en cuenta que es un lugar que queda impregnado con lo que sucede en él y que después, al dormir, cuando más expuesto estás, puedes reabsorber esas impregnaciones.

— No te vayas a dormir sin decirle a tu pareja que la amas. No acabes el día con una discusión abierta que pueda acrecentar emociones negativas. Nunca sabemos con certeza si habrá un día más para ninguno de nosotros. Piensa qué harías si no fueras a volver a ver a esa persona a la que amas, y ten el valor y la humildad de hacerlo ahora.

— Busca momentos exentos de tensión para resolver lo que te moleste o lo que le moleste a tu pareja.

— No esperes que el otro adivine lo que te pasa, cuéntaselo.

— Escucha, no te conformes con oír. Si algo no te ha quedado claro o te ha herido, es preferible preguntar qué ha querido decir a elucubrar y cargar de importancia lo que puede ser solo un malentendido.

— Recuerda siempre que tienes derecho a pedir, pero no a exigir.

— Y, sobre todo, siempre, ante cualquier discusión plantéate: «¿Me acordaré de esto dentro de cinco o diez años?». Si la respuesta es no, no gastes más energía en algo intrascendente.

REFLEXIONA

- ¿Sueles sentirte atraído por personas tóxicas? ¿Para qué?

- ¿Necesitas dramas emocionales para justificar tu vida y tus comportamientos?

- ¿Buscas resarcirte de daños pasados con relaciones presentes?

- Si eres rencoroso ¿para qué eliges no olvidar?

- ¿Qué nivel de beligerancia vives dentro de ti?

- ¿Quieres que cambie lo externo pero no te comprometes a realizar una transformación interna?

JUEGA

ELIGE

Nuestro ego nos cuenta que tener razón es muy importante, pero no nos explica que cada vez que nos empeñamos en tener razón perdemos felicidad. Lo ideal sería que, con tu pareja y contigo mismo, pudieras resolver cualquier posible disputa desde el humor. Si alguno de los dos andáis escasos de humor, buscad una forma consensuada de hacerle notar al otro que se está perdiendo en el empeño de tener razón aun a costa de la armonía y la felicidad.

A solas, elige entre dar alimento a ese personajillo cargado de razón que puede terminar por dar al traste con todo o apoyarte en lo que sí está bien y seguir disfrutándolo.

ANTES DE TERMINAR

RECUERDA

• Creer en la lucha te empuja a vivir de manera ofensiva o defensiva. Cuando te estás protegiendo, ni creces ni permites que te llegue nada de lo bueno que la vida y el entorno tienen para ti.

202 | REGRESA A TI

- Las creencias sobre el bien y el mal son personales y están alimentadas por una desconexión con el Uno. Esta desconexión genera miedo y alimenta una fuerza que te aleja de tu auténtico poder y, por supuesto, del Amor.

- Entre el miedo y las necesidades no queda espacio para el Amor.

- Que algo te hiera no convierte al otro en el malo. Agradece a quien facilita que veas cuáles son las heridas que aún debes sanar.

- En las guerras del ego solo hay perdedores, jamás vencedores.

- Ceder de forma coherente no tiene por qué ser sinónimo de debilidad.

ALQUIMIA

Llega cuando te das cuenta de que tu mundo es un reflejo de tu paz o de tu beligerancia interior.

Llega cuando eliges la paz y el Amor por encima de la necesidad de tener razón y el orgullo.

Capítulo 11

¿Qué tienen en común el éxito y el Amor?

El único fracaso es perder el sentido de tu vida
y vagabundear hasta el final
desde el esfuerzo y la supervivencia.

Vivimos tiempos vertiginosos en que recibimos tal cantidad de mensajes que es normal olvidarlos rápidamente. Paseamos distraídos entre directrices aparentemente inamovibles y eslóganes que nos prometen recetas fáciles y resultados milagrosamente rápidos, tan rápidos como las decepciones que vivimos ante las falsas panaceas. Decepciones que se diluyen ante una nueva promesa de un maravilloso cambio, que además es gratis; de una vida perfecta que no requiere ni compromiso, ni implicación, ni voluntad, ni nada de nada por nuestra parte. Vivimos tiempos de mendicidad en que nos permitimos el lujo de exigirle cosas a la vida mientras desperdiciamos lo que recibimos; una época en que lo trascendental queda camuflado entre cantidades ingentes de basura de alto impacto, y en los que nuestra mente aletargada, a menudo vaga y atrofiada, termina perdiendo la capacidad de rescatar la verdad de entre tanta confusión y tanta mentira.

En esta era que podría pasar a la historia como la de la mayor confusión y, desde luego, la de la mayor distracción (que no es sinónimo ni de felicidad ni de gozo), bajo la urgencia del «hacer», del falso deber y del imperativo de la subsistencia, olvidamos o rehuimos regalarnos momentos de reflexión. Preferimos no hacernos preguntas cuyas respuestas no queremos escuchar y elegimos, sin calibrar las consecuencias, mantenernos apegados a la fusión con este extraño clan de humanos sufrientes del que necesitamos, al mismo tiempo, escapar.

Vivimos tiempos en los que se nos enseña a contener nuestras emociones o a usarlas como defensa ante posibles ataques, pero no a comprender lo que sentimos para poder trascender nuestros dolores; un tiempo de superficies diversas que nos evitan las profundidades de apegos grandes y compromisos falsos, donde el miedo se alza y aplasta nuestra consciencia. Vivimos en medio de una tempestad de historias irresueltas, donde los cuidados se aúnan para mitigar de forma tan ficticia como errónea la soledad y el abandono de nosotros mismos; en medio de un espacio en el que se nos juzga y juzgamos, poniendo la mirada en las apariencias pero no en la esencia. Parece absurdo: nos empeñamos en transformar el cuerpo pero no nos planteamos transformar las conductas que nos han alejado de nuestro centro. Nos obsesionamos con cambiar al otro, al mundo, incluso a la vida, como si supiéramos hacerlo mejor que ellos...

Vivimos tiempos en que el karma de la humanidad, que no es otro que el olvido del Amor y, por tanto, el olvido del Uno, queda patente y meridianamente claro.

Ha habido y hay algunos pocos humanos que se han atrevido a alzarse por encima de este conglomerado de circunstancias grabadas por el inconsciente colectivo para adquirir un compromiso de lealtad hacia sí mismos. Ellos son los que han logrado que sigamos teniendo una oportunidad. Son quienes han vivido una existencia plena de sentido, recordándonos a los demás que, independientemente de nuestra procedencia y del escenario que se nos muestre alrededor, es posible.

No hemos nacido para sufrir y sí para aprender y recordar, sí para gozar y, desde luego, sí para Amar. Hemos nacido para ser. No creo que ninguno de nosotros haya nacido para conformarse con la herencia de traumas no resueltos de sus antepasados ni para dilapidar sus días haciendo esfuerzos titánicos que en ningún caso aumentarán el amor por sí mismo. No hemos nacido para luchar, pero tampoco hemos nacido para caer rendidos en este maremágnum de irrealidad que nos empuja a necesitar una dosis cada vez más alta de anestesia para olvidar el dolor que sentimos ante nuestra propia desconexión y desamor.

Y en medio de este cuadro que mantenemos entre todos, no solo se confunde el Amor con la necesidad, con la preocupación y con otro montón de cosas que ni siquiera se le asemejan: también se confunde la vida con la supervivencia, y el éxito con cosas que no todos podemos o debemos alcanzar y que, en realidad, no tienen nada que ver con él.

A pesar de lo que nos quieran hacer creer, el éxito no es sinónimo ni de fama ni de logros materiales. El éxito no se obtiene ni haciendo ni imitando, se obtiene siendo; está íntimamente relacionado con la realización, y la realización la alcanzamos cuando silenciamos el ruido de nuestra mente y dejamos de ser esclavos de nuestro ego, cuando retomamos nuestra esencia y nos liberamos de lo intrascendental, con lo que nuestra consciencia aumenta y nos permite la manifestación constante de nuestra condición Real. En otras palabras, cuando soltamos todos los condicionamientos que nos empequeñecen el alma, nos sacudimos las lealtades ciegas y, cuidando de nuestras heridas, dejamos de mendigar aprobación y reconocimiento y tenemos el valor de ser quienes hemos nacido para ser.

Alcanzar el éxito requiere un compromiso de vida que siempre va de la mano del Amor. Por eso, a pesar de lo que se está implantando en el inconsciente de cada cual para nublar el derecho que todos tenemos de lograr el éxito, debemos tener claro que el mayor o el único triunfo al que debemos aspirar y que de verdad podemos alcanzar es tener una vida plena de sentido. Hagas lo que hagas, te dediques a lo que te dediques, vivas donde vivas, lo que va a llenar de sentido tus días no es cubrir los objetivos de tu ego ni conseguir más cosas materiales o más reconocimiento. Lo único que puede llenar tu vacío y alivianar tu dolor es reinstaurar el Amor por ti. Todo lo demás es perecedero y a menudo aumenta de forma exponencial el sinsentido que te hunde en el esfuerzo por la supervivencia, impidiéndote vivir. Y si estás aquí es para VIVIR.

Sean cuales sean tus circunstancias actuales, puedes abandonar tu resistencia y tus juicios para comenzar a observarlas con los ojos del Amor. Pon lo mejor de ti en cada cosa que hagas. Deja de esperar un futuro diferente para cambiar; deja de ansiar lo que dices que necesitas y llena cada segundo de ti. Date el permiso de ser y date cuenta de que la felicidad, igual que el éxito, solo se pueden experimentar en el momento presente. Solo la consciencia de tu éxito presente puede sembrar la manifestación de tu éxito futuro; si disfrutas plenamente de ti ahora, no tendrás tiempo ni necesidad de escaparte al futuro. Deja de elucubrar sobre cómo podrían ser las cosas y descubre y disfruta de ti; date el permiso que en algún momento te ha sido negado y reconoce que, como parte del Uno, mereces la pena y tienes derecho a gozar de todo lo mejor de ti, que, por extensión, se reflejará en tu alrededor.

Dicho esto, echemos un vistazo al éxito y a su antónimo, el fracaso, en lo que a relaciones se refiere.

REFLEXIONA

- ¿Con cuántas necesidades del ego cargas tu mente y tus pasos?
- ¿Estás dispuesto a comprometerte contigo hasta convertirte en quien has nacido para ser?
- ¿Disfrutas de tu felicidad o te avergüenza ser feliz?

¿Has logrado el éxito en tu relación contigo mismo?

Dejé de estorbar a mi corazón, callé mis juicios
y dejé de perseguir logros intrascendentales;
me di cuenta de que era todo lo que necesitaba,
y entonces pude descansar en el gozo del Amor a mí.

Una vez más tenemos que revisar nuestra relación con nosotros mismos para liberarnos de exigencias, decepciones y esa larga lista de feas reiteraciones que cargamos como una pesada mochila paso a paso, un peso que nos impide movernos por mucho que creamos caminar.

Aunque es una tarea diaria para toda la vida y requiere, como tantas otras, de mucha atención y de mucha honestidad, compartiré aquí tres aspectos básicos en este sentido.

Lo primero que debes observar para saber qué nivel de éxito has alcanzado en tu relación contigo mismo es qué tipo de diálogo mental mantienes. No vale con decir que no piensas o que tienes tantas voces que ni siquiera sabes lo que dicen. Y desde luego, tampoco vale empezar a criticarse, esperando que venga alguien a salvarte de lo que tú no quieres ver, o de lo que tú no estás dispuesto a cambiar. Es muy importante que te responsabilices de lo que dices a los demás y de lo que te dices a ti mismo, ya sea verbal o mentalmente, porque tu percepción de ti está directamente influenciada por tu diálogo interno. Si mantienes un alto nivel de ruido, te sentirás ansioso, confuso y preocupado, y el amor no tiene cabida entre el ansia, la confusión y la preocupación. Si la mayor parte de tus voces están juzgando lo que percibes como realidad, si están juzgando a los otros y a ti, estarás tatuándote el mensaje de que no eres digno de amor, ni siquiera del tuyo. Si tu pensamiento está repitiendo creencias tóxicas, estarás envenenando tu capacidad de reinstaurar el amor en ti. Si alimentas un gran número de voces que expresan distintos temores, no solo te estarás impidiendo vivir el presente, sino que además estarás cerrando tus caminos al Amor. Si no mantienes conversaciones conscientes contigo, te estarás esforzando en no descubrirte, con lo cual no podrás ni conocerte ni sanarte. Si permaneces aferrado a un fracaso pasado, le estarás impidiendo a la vida que te ofrezca éxitos.

Podría seguir ofreciendo supuestos usuales, pero creo que estos son suficientes.

Es habitual decir que realizar un cambio a este nivel es muy difícil, pero lo realmente difícil es sobrevivir bajo el yugo de una mente tóxica, criticona, ruidosa y miedosa. La mente, con todas sus voces, no es más que otra parte de ti que está deseando encontrar su centro y volver a ser feliz. Cuando estás dispuesto a realizar la travesía que te lleva a tu esencia, ella, con un poco de atención y disciplina, te acompaña encantada. Ten en cuenta que la consciencia existe por encima de la mente; la mente necesita de ella para existir, y no al contrario. Y cuando permites que sea la consciencia la que tome el mando de tu vida, tu mente se relaja y deja de estorbar a los propósitos de tu alma, para ayudarte a vivir desde el Uno.

Si no eres capaz de escucharte, no puedes esperar que los demás lo hagan. Y no me refiero solo a oírte, sino también a callar y prestar atención, a no tragarte toda la verborrea de siempre, vacía y viciada. Si no eres capaz de comprenderte, de atenderte, de tener una conversación contigo en la que desmadejes lo que te está restando paz, no esperes que nadie lo haga por y para ti. Si solo criticas y criticas, sería muy raro que tuvieras al lado a alguien que no criticase, y, claro, no debería sorprenderte ser criticado por los demás.

A veces hay que empezar haciendo prácticas de silencio y meditación. A veces es bueno escribir y otras basta solo con prestar atención; independientemente de cuál sea tu camino, lo tienes que emprender tú, porque solo tú lo puedes recorrer.

Antes de terminar con el tema de la mente y sus voces haré hincapié en una actitud que me parece especialmente dañina: me refiero a la tendencia a pasar por alto, o incluso menospreciar, lo que somos y hemos logrado, para centrarnos en lo que creemos que nos falta. Debemos elegir entre vivir siendo conscientes del milagro constante de nuestro día a día y estar agradecidos por ello, o sobrevivir saltando de queja en queja sin llegar a vislumbrar lo hermoso, que quedará sumergido bajo los objetivos del ego. La energía de la queja repele al Amor, y la energía del agradecimiento lo alimenta. Tú eliges. No te estoy proponiendo que te regodees en lo que crees que haces bien, ya que eso tampoco suele servir de nada; lo que te sugiero es que dejes de cargar de importancia lo que crees que te falta y des las gracias por todo lo que eres y tienes, y hasta por aquello que no comprendes o aún desconoces.

Vayamos al segundo punto a tener en cuenta, que también requiere de atención y honestidad. ¿Te has detenido alguna vez a observar cuántas actitudes que solo te hacen daño mantienes en

210 | REGRESA A TI

tu vida, y cuántas de las que te hacen bien descartas? ¿Crees que dejar de hacer aquello que te hace bien denota una actitud amorosa hacia ti? ¿Crees que aumentando tu sufrimiento al mantener actitudes nocivas te vas a convertir en alguien digno de ser amado? ¿Acaso te da vergüenza ser más feliz que los demás, disfrutar y tratarte lo mejor posible?

Como no creo que sea algo evidente, aclararé que cuando hablo de hacer cosas que te sientan bien no me refiero a aquellas con las que te distraes y con las que en apariencia te lo pasas bien pero que sirven solamente para huir de ti y también de los motores que te llevan a huir de ti. Por ejemplo, muchas personas que salen de marcha dicen pasárselo bien y, sin embargo, al día siguiente, lo único que sienten es un vacío aún mayor del que ya percibían la noche anterior. Me refiero a esas pequeñas cosas que te aportan paz y te acercan a ti.

Si eres de las millones de personas que repiten una y otra vez lo que no les ayuda a sentirse mejor, olvidando lo que sí les aporta serenidad, no esperes que venga una pareja, ni nadie, a cambiarte la vida y a proporcionarte lo que tú no estás dispuesto a regalarte.

Finalmente, ten en cuenta que, seas como seas, si no has aprendido a aceptarte y a gestionar de una forma sanadora y liberadora tus emociones, en momentos de intimidad con otra persona será fácil que esas partes de ti que no aceptas ni respetas te generen problemas, puesto que, por un lado, te empeñarás en ocultar, conteniéndolas o disfrazándolas, esas facetas tuyas que no quieres ver. Y lo que nos empeñamos en contener para ocultarlo o disimularlo siempre termina estallando de forma destructiva.

Por otro lado, si no has aprendido a respetarte, tampoco sabrás respetar al otro. Y cuando no respetas a quien está a tu lado, no puedes esperar una actitud diferente hacia ti.

Y, por último, si no has aprendido a gestionar de una forma inteligente y equilibrada tus emociones, cuando cualquier suceso real o imaginario mueva tu mundo, reaccionarás haciéndote daño y buscando culpables ante lo que tú mismo te acabas de hacer.

En medio de esta sociedad que sigue acumulando sinsentidos y mantiene actitudes y creencias que parecen enquistar el karma del desamor, merecemos desdibujar los barrotes que nos mantienen falsamente inmovilizados y comenzar a regalarnos la paz que merecemos.

Lo primero que se forma en el cuerpo es el corazón. Es bien sabido que ese maravilloso órgano del que en gran parte depende nuestra vida a nivel físico y simbólico contiene neuronas. Es hora de aceptar que la mente no se limita al cerebro, de reconectar con ese latido certero que se mantiene a la espera de que le permitamos envolvernos de forma amorosa y absoluta por dentro y por fuera. Es hora de bajar de nuestra cabeza para descansar y para brillar desde el centro de nuestro pecho; recuperando así todas las oportunidades que nos robaron o nos robamos. Debemos dejar de caminar de puntillas por miedo; ha llegado el momento de sumergirnos por entero en nosotros mismos hasta encontrar el valor de Ser y vivir la vida plena que nuestra alma sabe que podemos alcanzar. Hacer esto nos garantiza un éxito que, repito, nada tiene que ver con la fama pero sí con la serenidad y la plenitud que busca nuestra alma.

REFLEXIONA

- ¿Hasta qué punto has renunciado a tu propio éxito por vergüenza o lealtad a personas menos exitosas?
- ¿Reconoces y valoras tus avances y logros?
- ¿Priorizas tu paz interior y te ocupas de ella?
- ¿Comprendes que realizarte y alcanzar el éxito no tiene que ver con lo efímero e intrascendente?

212 | REGRESA A TI

Crónica de una relación fracasada

Mientras el miedo y la necesidad de tener razón
sean más grandes que el Amor,
no podremos encontrar finales felices.

Nuestros comportamientos en las relaciones son un reflejo de nuestras luces y nuestras sombras interiores. Tanto lo que generamos internamente como lo que proyectamos externamente determinan el éxito o el fracaso en nuestra vida.

No creo en el error, sino en la experiencia, y considero que lo que llamamos equivocación suele surgir de una necesidad inconsciente de aprender o descubrir algo. Sí creo, sin embargo, en el éxito. Pienso que las personas de éxito lo son de una forma global; no me parece que sea posible alcanzarlo en unos ámbitos de la vida y no llegar a rozarlo en otros, porque, como ya he dicho, el éxito tiene que ver con un compromiso personal, con una forma de vida y con un conjunto de actitudes y posicionamientos conscientes que te abren a recibir lo mejor que la vida tiene para ti, mientras tú te entregas de igual manera, sin rebajas ni excusas, a esa misma vida.

La felicidad depende en cierta medida del éxito, y el éxito está íntimamente relacionado con el Amor. Nos acercamos y llegamos a alcanzar el éxito cuando estamos realizándonos, cuando estamos siendo fieles a nuestra esencia y convirtiendo nuestro paseo por este mundo en un camino pleno de sentido, en el que, independientemente de lo que estemos haciendo, podemos aprender y gozar al mismo tiempo. Y para lograrlo, para realizarnos, es indispensable que nos descubramos, que nos demos el permiso de ser y nos rindamos ante nuestro propio amor, por muchas sombras o heridas que aún acarreemos.

Teniendo en cuenta que, como en todo lo que estamos viendo, el paso fundamental comienza con uno mismo, veamos algunas actitudes que no por ser habituales son positivas, y que no por ser frecuentes acercan a una pareja al amor y al éxito en su relación, sino todo lo contrario.

La primera ya la he mencionado anteriormente; consiste en la convicción profunda de muchas personas de que su pareja va a cambiar, de que por ellas se va a convertir en alguien diferente. La pregunta que siempre me hago ante este tipo de comportamiento es: ¿por qué estás con esa persona si quieres que sea alguien diferente? ¿Por qué no buscas a alguien que se asemeje a lo que quieres? La verdad es que conozco las respuestas a esas cuestiones; pero lo interesante es que, si este es tu caso, busques honestamente tus propias respuestas. También conozco las dos excusas más típicas; la primera es: «No quiero que cambie todo, solo algunas cosas», y la segunda: «Es que si cambiara sería más feliz». A los que estén convencidos de que la primera es un posicionamiento válido, me permitiré recordarles dos cosas: una, que nadie es perfecto, ni siquiera el individuo que le está diciendo a otro cómo llegar a la supuesta perfección; y la otra, que el Amor no consiste en una discriminación según nuestra propia conveniencia, sino en la aceptación del otro en su completitud, y en permitir que a su debido tiempo y a su ritmo el otro crezca hasta convertirse en quien ha nacido para ser. El Amor está lleno de respeto, de compasión, de libertad…, pero jamás de límites, temores, chantajes y control. Cada vez que demarcamos en el Amor y elegimos alejarnos de pedazos de nosotros o de los otros, terminamos extraviados, un poco más lejos del Uno y, por tanto, de ese Amor que anhelamos.

Lo más interesante es que en este tipo de situaciones, si esa persona hiciera caso a quien le pide esos cambios y modificara aquello que su pareja considera defectos, también perdería alguna de sus virtudes. Somos como la maquinaria de un gran reloj en que nuestras luces y nuestras sombras están enlazadas entre sí; unas requieren de las otras para activar el siguiente engranaje; unas dejarían de ser sin las otras. Y como no conocemos en totalidad lo que forma a cada cual ni cuáles son sus tempos, es

214 | REGRESA A TI

mejor que no nos dediquemos a intentar mover piezas que pueden terminar rompiendo lo que no estaba estropeado. Esto nos lleva a la segunda excusa, «... ser más feliz». Para lograr ayudar a alguien en su camino hacia la felicidad son necesarias tres cosas: primero, que el ayudador sea totalmente feliz; segundo, saber si la persona quiere ser feliz o más feliz, y tercero, no limitar, dirigir, ni tomar el poder del otro; esto implica no creerse capaz de generar una felicidad en otro que el otro no esté autogenerando. No deberíamos olvidar que la felicidad es una responsabilidad íntima e intransferible, y cuando tomamos el poder del otro lo que hacemos es fomentar las sentencias y las creencias del que se siente incapaz y, por tanto, infeliz.

Aunque no es exclusivo de las mujeres, sí es más habitual en ellas querer arreglar a los demás, eso sí, sin estar en paz consigo mismas y sin preguntarle al otro si quiere «ser arreglado». El colmo de este disparate es querer basar su propia felicidad en que el otro alcance la felicidad según el prisma que su pequeño mapa les permite inventar. Así nadie puede alcanzar ni el éxito ni la felicidad.

Casi se me olvida una excusa: «Es que antes no era así». Me reiría, pero en el fondo no es gracioso. Esta excusa revela que hay dos cosas que revisar: una es si de verdad la persona con la que estás ha cambiado o si solo ha cambiado tu percepción de ella, si lo que se han caído son los velos del autoengaño, que te hacían ver lo que no había, para justificar tu permanencia a su lado; y la otra es si, en el caso de que sea cierto que antes su comportamiento era diferente, realmente es malo que alguien cambie. Puede que para esa persona su cambio suponga su evolución, aunque te incomode, o que su cambio te esté mostrando tu propia necesidad de cambiar, aunque eso implique dejar de estar a su lado.

De cualquier manera, ¿cómo te sentirías si tu pareja te estuviera diciendo constantemente cómo tienes que ser, qué tienes que hacer o qué debes mejorar? Dudo mucho que te sintieras amado, y mucho menos valorado o aceptado.

Otra actitud absolutamente insana en una relación de pareja —y en la vida, en general— es la que nace de una autoestima baja, lo que suele ir de la mano de un alto grado de cesión de poder. Esta combinación lleva a muchas personas a esperar que su pareja se haga cargo de ellas. Proyectan en la pareja la utópica esperanza de que cubra sus carencias y sus necesidades, y la responsabilizan de sus propios estados, que, desde este posicionamiento, no pueden ser agradables ni satisfactorios.

Es tan peligroso esperar que otro se haga cargo de ti como tener la soberbia de pensar que te puedes hacer cargo de otro. Cuando te haces cargo de otro, como hemos comentado, subliminalmente le estás lanzando el mensaje de su propia incapacidad; le estás haciendo —o le estás permitiendo que se haga— dependiente; te sitúas por encima, y eso, desde cualquier ángulo que se mire, no es amor.

Solo cuando nos hacemos cargo de nosotros mismos podemos descubrir nuestros recursos, nuestros dones y nuestras potencialidades. Y solo descubriéndonos y descubriendo que somos capaces, podemos amarnos y sentirnos dignos del Amor, mientras tratamos a los demás con la dignidad que merecen.

Este tipo de actitudes suelen dar lugar a una dilución del que ha cedido el poder. Cuando crees que necesitas a una persona para ser feliz, para tener una buena calidad de vida, etcétera, vas disolviendo los rasgos de tu carácter que no encajan con lo que crees que quiere o espera el otro de ti y te vas transformando en un personaje cada vez más irreal y vacío. Te esfuerzas en dar, sin comprender que solo podemos entregar lo que somos, y te empeñas en demostrar lo imprescindible que eres para su felicidad; caes en un mercadeo en el que esperas una retribución imposible, la de tu propia felicidad a manos de alguien que no eres tú mismo y que, por lo tanto, no te la puede otorgar.

Este tipo de conductas «de enganche» suelen terminar con un montón de recriminaciones, porque, como ya he comentado, haga lo que haga el otro, tu felicidad no está en sus manos, lo cual no te va a impedir culparle de tus desgracias.

Si este es tu caso, ¿por qué no te preguntas cómo te sentirías si tu pareja estuviera constantemente esperando que la recompensaras por lo que hace por ti? ¿Y cómo te sentirías si la felicidad o la infelicidad de tu pareja dependieran de ti?

Es más fácil y menos costoso ser que disfrazarse de un personajillo. Además, cuanto más te esfuerces en parecer en lugar de Ser, más perdido te encontrarás y menos gozo sentirás. Es más sencillo y mucho más gratificante amar que depender, culpar y esperar mientras te amohínas.

Existe un tercer tipo de actitud muy tóxica que supone una gran trampa para el individuo que se mueve desde ella. Nace de heridas profundas no sanadas y grandes miedos encubiertos, y lleva a algunos a hacer daño a sus compañeros para que se sientan tan dolidos como ellos mismos. Es una especie de juego sádico en el que el perpetrador solo se siente a salvo si inflige el mismo tormento que siente en su interior.

No creo que en estos casos haya una mala intención consciente. Solo se trata de una inercia nefasta que le sirve al ejecutar para sobrevivir a su propio sufrimiento, y que se agrava cuanto más grande sea el amor que se le acerca. Evidentemente no se da cuenta de que así aleja y destruye lo único que podría menguar su martirio.

Como no considero que ninguna de estas actitudes deban juzgarse y conozco la tendencia de las mentes a hacerlo, me gustaría que te plantearas algo fundamental antes de terminar este capítulo. Es fácil buscar culpables y erguirse sobre la razón y las excusas que justifican tu estado de desamor o tus desamores pasados, pero haciéndolo no vas a lograr mejorar nada, ni mucho menos transmutar o sanar. Deberías preguntarte si estás dispuesto a convertirte en la persona que te gustaría tener a tu lado. Con esto no quiero decir que tengas que ser perfecto —ya he comentado que no creo que existan personas perfectas—; lo que me gustaría es que fuéramos más coherentes y dejáramos de exigir y de señalar con el dedo mientras esperamos recibir lo que no estamos dispuestos a darnos a nosotros mismos. Mi propuesta es que comprendas que cuanto más te conoces a ti mismo, cuanto más avanzas y más lleno estás de ti, menos exiges fuera, porque menos necesitas. Y también me encantaría que entendieras que, mientras no te mires a ti mismo con los ojos del Amor, cada vez que alguien se atreva a hacerlo surgirá de algún rincón de ti un miedo a ser visto como tú te ves y, sin querer, acabarás con esa oportunidad; inconscientemente, desterrarás esa energía cálida tan lejos como puedas. Así podrás seguir regodeándote en tus vacíos, en tu sufrimiento y en tu no merecimiento. Pero jamás podrás permitirte ser, ni descubrir que las creencias y lealtades que te mantienen alejado de ti no son la realidad, ni son tan preciosas como para que arruines tu vida por ellas.

Es evidente que no he mencionado todas las actitudes que abocan al fracaso a las relaciones de pareja. He tratado algunas en capítulos anteriores y trataré algunas más en los posteriores. Mi intención no es hacer listados que puedas almacenar en tus estanterías mentales, sino que reflexiones de forma honesta sobre tus comportamientos y sobre las actitudes de las personas por las que te has sentido atraído; que recapacites sobre lo que has vivido y *desde dónde* lo has vivido, para que puedas trazar un mapa de ruta que te ayude a sanar tus heridas y las inercias que estas provocan, hasta que estés preparado para reinstaurar por completo el Amor a ti.

Reflexiona

- ¿Te enfocas siempre en lo que aparentemente está mal para cambiarlo o propiciar que sea cambiado? Si tu respuesta es sí, espero que seas consciente de que así te pierdes lo que está bien.

- ¿Responsabilizas a los demás de tu felicidad o te crees responsable de la felicidad de los otros?

- ¿Tienes baja autoestima o te sientes atraído por personas que tienen baja autoestima? ¿Para qué?

- Cuando te sientes mal, ¿tratas mal a otras personas? ¿Para qué?

Antes de terminar

Recuerda

- Distracción no es sinónimo de gozo ni de felicidad. Cuanto más distraído estés, más complicado te resultará encontrar el sentido de tu vida.

- De nada sirve todo lo que puedas hacer si no te das el permiso de Ser.

- No hemos nacido para sufrir y sí para gozar y para Amar.

- El éxito no es sinónimo ni de fama ni de logros materiales; es sinónimo de realización, y para alcanzarlo debemos adquirir primero un compromiso activo con nosotros y con el Amor.

- La consciencia de tu éxito presente sembrará la manifestación de tu éxito futuro.

- Las personas de éxito lo son en todos los aspectos de su vida. El punto de partida para alcanzar el éxito que mereces está en la relación que mantienes contigo.

- Nuestro comportamiento en las relaciones es un reflejo de nuestros claroscuros interiores.

- Mantener una baja autoestima, depender de otros, dañarles o esperar que cambien nunca te traerá éxito.

ALQUIMIA

Llega cuando descubres que el éxito consiste en la manifestación de tu esencia real y que siempre va de la mano de la serenidad y del Amor.

CAPÍTULO 12

Nuestro único problema

Somos nosotros los que, al dejar de amarnos,
nos castigamos expulsándonos del paraíso.
Somos nosotros los que nos condenamos a un infierno
al juzgar la vida y cerrar nuestro corazón.

Puede parecer que tenemos muchos problemas, que cada cual tiene que lidiar con distintos obstáculos, e incluso que el sufrimiento de los otros, vivan cerca o lejos, es distinto del nuestro; pero es solo una apariencia. En realidad, tenemos un único problema: no nos amamos. Y mientras no nos amamos, intentamos mitigar nuestro dolor distrayéndonos, sin darnos cuenta de que esas distracciones aumentan nuestra inconsciencia y, por lo tanto, nuestro sufrimiento. Mientras no nos amamos proyectamos la ausencia de Amor en todos y todo lo que nos rodea. Y lo que es aún peor, mientras no nos amamos no encontramos ni las razones reales ni el valor necesario para liberarnos del yugo de nuestro ego mal educado, clasificador, juzgador y tirano, que mantiene amordazado nuestro corazón.

A veces necesitamos ahondar en lo que no es amor para volver a él. Y eso es lo que pretendo hacer en este capítulo, dar un paseo por algunas formas de desamor, confiando en que te atrevas a abandonar estos senderos trillados para comenzar a recorrer el único que puede dotar de sentido a tus pasos.

Si has tenido unos padres y una crianza de las que se consideran «normales», o sea, unos padres que no se amaban a sí mismos y una educación cargada de creencias limitantes, que te ha empujado a adaptarte a lo políticamente correcto sin tener en cuenta ni quién eres ni quién has nacido para ser, formarás parte de esta multitud de humanos, entre los que me incluyo, que han padecido la herida del abandono desde su más tierna infancia.

La herida del abandono, de la que ya hemos hablado en el tercer capítulo, tiene que ver con la primera vez que nos sentimos separados. Puede que a cierto nivel sea inevitable. Puede que no sea más que un recuerdo de nuestro primer instante de existencia como partes aparentemente separadas del Uno. Tal vez se trate de una remembranza de un dolor arcano que necesitamos como recordatorio para no despistarnos y volver al Hogar. Sea como sea, duele. Pero el problema no es esa herida ni ese dolor. El problema es lo que hacemos nosotros con esa herida y con nosotros.

Es probable que de bebé no te sintieras visto, reconocido, sostenido o amado por tus padres y eso te hiciera creer que con tu Amor no era suficiente. Es posible que al ser chantajeado y manipulado para que fueras de una determinada manera, y puede que también castigado y despreciado cuando te mostrabas más real, sintieras la necesidad de esconderte, de camuflarte. Seguramente las raíces de tu desamor hayan sido implantadas en esos primeros días, meses o años de vida. Pero el problema, repito, no es lo que pasó ni la herida asociada a estos sucesos; el problema es lo que te haces tú en el presente. Lo que llevas haciéndote toda la vida y sigues haciéndote ahora.

Si has vivido —lo recuerdes conscientemente o no— eventos similares, es posible que, por imitación, por lealtad o por supervivencia, tú también te hayas abandonado. Dejarte caer en las creencias heredadas, en lo políticamente correcto, en el personaje que se supone que tienes que ser para no incomodar a los otros... es abandonarte. Adormecer tu intuición y tu corazón, construir muros mentales para mantener alejada a tu alma, dejar de serte leal para serle leal a aquellos a los que te has apegado es abandonarte. Dejar de Ser quien has nacido para ser es abandonarte. Y nada de lo que te hagan los otros te puede provocar más dolor del que te genera tu propio abandono.

Si te sientes perdido en los senderos del desamor es porque te has abandonado. Y si te has abandonado, sería normal que estuvieras viviendo de una de las maneras que comparto a continuación.

Sin darte cuenta, al abandonarte has abierto las puertas al miedo. Ten en cuenta que te has dejado solo, incluso olvidado, en alguna mazmorra de tu inconsciente. Al hacerlo, has extraviado tu auténtico poder y has caído en esa soledad lóbrega y dura que se padece cuando no estás en ti, contigo. Puede que te sientas pequeño y débil o que juegues a empoderarte; puede que te sientas perdido o que te aferres a tus creencias para sentir que tienes el control, o puede que nunca te hayas parado a apreciar cómo te sientes. De cualquier manera, al haberle abierto las puertas al miedo, pasarás por la vida camuflando tu propio abandono en el temor a que te abandonen. Claro, si tú mismo te has abandonado, si no te has elegido, si no has sido suficiente ni siquiera para ti, quién te va a elegir, quién se va a quedar a tu lado... Bueno, tal vez alguien que tenga tanto miedo como tú al abandono.

Otra de las formas de vida que genera el propio abandono está relacionada con la tendencia a esconder lo que no aceptas de ti mismo. Seas como seas y estés en el punto en el que estés, el esfuerzo que requiere mantener una imagen que no emana naturalmente de ti es devastador y solo sirve para aumentar tu propia desconexión, tu desubicación y tu confusión. Falsear lo que eres nunca te va a servir para encontrar el Amor, ni el tuyo ni el de los demás. Lo que escondes de ti no son más que partes de tu esencia que requieren atención, aceptación y la mirada del Amor; requieren un acogimiento que no les fue dado en tu pasado (eso es lo que te ha podido hacer pensar que no son dignas). Juzgando esas partes de ti no solo no las podrás sanar ni las podrás acompañar en su camino de evolución, que es el tuyo, sino que las estarás envenenando con tu propio descrédito, cargándolas de desamor hacia ti, hasta que un día estallen y te dobleguen, y te recluyan en tu propio infierno.

Vuelve a tomarte un momento de reflexión para intentar comprender que cada parte de ti de la que reniegas y cada parte de ti que niegas se harán grandes en las manifestaciones que generas en tu entorno y en tus circunstancias hasta que te atrevas a mirarlas. Sin olvidar que intentar extirparte átomos de tu esencia es igual que intentar amputar pedazos del Uno desde un entendimiento pequeño y un juicio grande, que en nada se parecen al Amor. Es sustraer herramientas imprescindibles para acceder a la completitud que añoramos. Es abalanzarte al vacío de ti mismo, que se confunde con necesidades y pequeñez y te aleja de tus propósitos y de la serenidad.

Lo peor de todo es que la mayoría de nosotros ha arrojado a la mazmorra oscura del inconsciente lo que nos hacía más auténticos. Nuestra sombra no suele estar formada por nuestra oscuridad, sino por nuestra auténtica luz. Sin querer y sin saber las consecuencias que tendríamos que afrontar, desde muy pequeños nos hemos obligado o nos hemos visto obligados a renegar de nuestra esencia, de nuestros dones y de esas partes únicas que, al brillar, incomodaban a los cautivos de los que dependíamos o a los que necesitábamos. Triste pero real. Igual de real que la posibilidad de la que disponemos, al margen de nuestra edad o nuestro pasado. Hoy, ahora, puedes desandar todos los pasos que te alejaron de ti para comenzar a Ser, para atreverte a Amarte.

Ya he hablado de cómo el ser humano arremete contra el Amor cuando se le acerca sin haber experimentado e integrado el sendero del amor a uno mismo. Y he señalado que comprendo los disfraces que adoptamos por una necesidad inicial de supervivencia. Por duro que me resulte, comprendo incluso que las personas que han crecido entre grandes carencias afectivas prefieran recibir golpes a no recibir nada. Pero más allá de esto, debo remarcar lo funesto de la actitud del que, de tanto y tanto esconderse, teme verse a sí mismo. Porque, de nuevo, solo puedes amar aquello que conoces. Y si es cierto que mientras no te conoces y no te aceptas no te puedes amar, igual de cierto es que si no te quieres descubrir a ti mismo en la totalidad, con tus luces y tus sombras, no permitirás que otros te miren bajo la esclarecedora luz del Amor. Por lo tanto, mantendrás relaciones superficiales con personas que necesiten mantenerse ocultas bajo capas de mentiras, a salvo de la verdad. Y esto, como habrás podido comprobar, solo genera frustración.

Es momento de que dejemos de utilizar a los otros como excusa y nos mostremos tal cual somos, heridos e imperfectos, en nuestro camino de retorno al Uno. Y si no lo hacemos, al menos, deberíamos tener la honestidad de reconocer que no es por lo que ellos puedan pensar, sino por lo que pensamos nosotros.

Estas formas de vida (o de supervivencia) de las que estoy hablando suelen solaparse y dar lugar al gran autoengaño, del que hablaré a continuación.

Una vez extraviados de nosotros mismos, con nuestros dones escondidos y nuestro corazón silenciado, la energía del miedo encuentra las puertas y las ventanas abiertas para apoderarse de nosotros. El ego se erige grande y monstruoso y la mente, nuestra mente, que no ha tenido la oportunidad de cumplir su auténtica función, se establece como directora única de nuestra existencia, haciendo nuestra realidad cada vez más pequeña y deslucida. Nos apegamos a pequeños sucesos intrascendentes pero dramáticos y, sobre este cimiento y sus identificaciones, construimos nuestra *inversión de vida*.

Al mismo tiempo, algo dentro de nosotros clama intentando recordarnos lo que hemos olvidado. Una parte minúscula de nuestra alma grita advirtiéndonos del error que estamos cometiendo. Mientras tanto, nuestra mente, disfrazada de emperatriz, nos llena de razones para ignorar a nuestra alma. Nuestra mente se despliega ruidosa, haciéndonos ver todo lo que tendríamos que modificar, todo lo que podríamos perder, todo lo malo que nos podría pasar, lo solos que nos íbamos a quedar; incluso nos puede hacer dudar de nuestra cordura. Cualquier cosa con tal de mantener su trono. Hasta que consigue que echemos una palada más de fango sobre nuestro maltrecho corazón. Y así, distraídos, anestesiados y desconectados, padecemos un día más la esclavitud a la que nos condenamos por renunciar al valor y, por tanto, al Amor. Eso sí, vagaremos por nuestra existencia cargados de razón. Nos sobrarán excusas, argumentos y justificaciones, que siempre nos eximirán de nuestra propia responsabilidad. Y de esa manera nos permitiremos el lujo de afianzar nuestras *no verdades* y nuestra pobre realidad, creada a partir de ideas y dogmas heredados que definen claramente cómo debemos ser y como deben ser los demás. Juzgaremos sin conocer ni querer saber cuál es la realidad ni los precios que es necesario pagar para obtener y disfrutar aquello que exigimos. Tendremos siempre a mano nuestra lista de objeciones y objetivos. Y no nos dará pudor exigirle a la vida todo eso que no hemos tenido el coraje de entregarnos a nosotros mismos.

Curiosamente, cuanto más seguro te sientas de tu realidad, más autoengañado estarás. Cuanto más creas que controlas tu vida o más te empeñes en controlarla, más lejos estarás del Amor. Y cuanta más razón te empeñes en tener, menos feliz te permitirás ser.

No hay forma de acceder al Amor y a tu esencia si sigues deambulando por la senda mental que te lleva a los recuerdos a los que te has apegado y a los posibles futuros a los que estos te abocan. Ni hay forma de alcanzar la paz y la serenidad bajo los gritos de lucha de las distintas partes de ti, que se enfrentan en tu cabeza. No hay forma de fluir mientras te obligues a mantenerte en tensión. Ni hay forma de manifestar los propósitos de tu alma mientras te mantengas distraído y adormecido, entretenido con los deseos de tu ego.

No hay manera de salir del infierno del sufrimiento si no estás dispuesto a soltar la identificación con tu mente y con el drama emocional que aúna a esta sociedad. Es hora de que reconozcas que tanto la pesadumbre como el drama emocional son solo una opción, pero que en ningún caso eres tú, ni los necesitas para ser, para vivir. Es hora de que entiendas que el sufrimiento puede servir a los mendigos de la pertenencia, pero en ningún caso ayudó a nadie a acercarse a la felicidad y al Amor.

REFLEXIONA

- ¿Crees que la ausencia de amor de tu pasado justifica tu ausencia de amor presente o futura?

- ¿Piensas que alguna parte de ti sería repudiada por alguien que la mirara desde los ojos del Amor?

- ¿Qué sucedería si te desidentificaras de tus sufrimientos y sus causas?

Anhelos y realidades.
Agradecer lo que sí tenemos
o destruir por lo que creemos que falta

Cuando soy consciente de que lo tengo todo,
las necesidades se desvanecen
y el agradecimiento me permite gozar.

Supongo que muchos hemos tenido, en algún momento de nuestra vida, una idea bastante exacta de cómo sería nuestra pareja perfecta. Ya he hablado de esos imprescindibles a los que no deberíamos renunciar. Ahora me referiré a esas pequeñas o grandes cosas que hemos idealizado, a esos rasgos que hemos visto en una película romántica, o a esos comportamientos que nos ha parecido adivinar en otra pareja y hemos descontextualizado sin conocer la realidad, o a esas cosas que nos han vendido como importantes, o incluso a esas en las que nos empecinamos para huir de nosotros. Hablo de esas cosas que, si no maduramos, pueden acabar con la posibilidad de cualquier relación. Trataremos esas utopías que pueden llegar a ser absurdas y que, entre sus destellos de aparente perfección, pueden incapacitarnos para vivir el milagro del Amor.

He conocido a muchas personas adultas que atesoraban larguísimas listas de imprescindibles para darle la oportunidad a alguien de que se les acercara. Muchas veces estas retahílas comenzaban con cualidades físicas. Disculpad si me hace gracia, pero en la mayoría de los casos me he encontrado con personas poco agraciadas que pedían que sus parejas fueran hermosas (por fuera), o con personas con sobrepeso que no habrían tolerado juntarse con alguien que no fuera delgado y estilizado. Esto no deja de ser un indicador de que no estás dispuesto a ver enfrente lo que no deseas reconocer en ti. Este tipo de actitud es una forma de boicot con el que te aseguras no tener que mirarte, descubrirte, conocerte, asumirte... mientras te proteges de la vulnerabilidad que provocan la realidad y el Amor. El Amor es perfecto, pero no viene de la mano de la perfección. Deberíamos darle la oportunidad a esta energía soberana de que, con cada una de sus caricias o sus arremetidas, nos muestre los ardides con los que nos mantenemos lejos de nosotros mismos, en lugar de gastar tanta energía en argumentar, cincelando los barrotes de la mazmorra que impide el acceso a nuestra esencia y reprime la manifestación desde la misma.

Lo que planteo en este capítulo tine que ver con una forma de autoengaño que se aferra a un *patrón de perfección* pequeño e infecto, que cierra las puertas al ser y se enraíza en la necesidad patológica de pertenencia. Este *patrón*, desde el que la mayoría hemos sido adoctrinados, convierte nuestra mente dialéctica en opresora y nos impide escuchar al corazón; prioriza el qué dirán sobre lo que sentimos y más de una vez ha acabado con lo que podía ser enriquecedor y precioso, porque no encajaba con un ideal heredado, imposible, infantil.

Asumamos, por nuestro propio bien, que ni nosotros ni ninguna pareja que tengamos va a ser perfecta. Nuestras relaciones, al igual que nuestros días en soledad, tendrán matices que irán desde lo más intenso y hermoso hasta lo que nos pueda parecer más vacuo e insulso. La vida es una danza de claroscuros que permanece en constante movimiento, un gran caldero mágico donde nada se pierde. Y en el amor de pareja, como en el resto de los ámbitos que la forman, deberíamos prestar atención a lo que tenemos y agradecer por ello, en lugar de quejarnos por lo que pensamos que nos falta.

No es que le dé demasiada importancia al agradecimiento, es que he comprobado cuántas personas destruyen y pierden lo que la vida les regala por no agradecer.

Para agradecer no basta con ser consciente de lo que está disponible en tu vida; debes además comprender que eso que tú puedes disfrutar es un privilegio, y no considerarlo lo normal o lo

mínimo que se puede tener. Si no lo haces, tu atención se centra-
rá en lo que crees que te falta y caerás fácilmente en la energía de
la queja, que es, con diferencia, de las más destructivas que existen, pues engrandece lo pequeño y destruye lo grande. La queja
te impide ser consciente de que posees todo lo que necesitas;
cierra los canales de la abundancia y la plenitud y te convierte en
un vagabundo egoico que desperdicia lo mejor que la vida le da,
mientras sufre en su propia celda de inconsciencia.

El ejemplo de la salud muestra claramente de qué hablo. La
mayoría de las personas que me he encontrado no valoraban su
salud, la consideraban algo normal; no eran conscientes de lo
esencial y maravilloso que es estar sano. Muchas de esas personas
se quejaban de detalles de su físico, pero no alababan su cuerpo
por realizar de una forma óptima todas las funciones que se requieren para tener una excelente calidad de vida. O se quejaban
de aspectos económicos, o juzgaban a la vida por las circunstancias que ellos mismos habían creado, sin pensar que mientras
tienes salud puedes transformarlo todo y lograrlo casi todo. ¿Es
necesario llegar a perder la salud para agradecer por ella si se
recupera?

En una relación de pareja sucede lo mismo. Puedes centrarte
en lo que crees que te falta hasta destruir lo que tienes —mientras te vas haciendo, y vas haciendo a los demás, más y más
daño—, sin darte cuenta de lo que está pasando hasta que resulta
demasiado tarde. Es mejor agradecer lo que tienes, consciente del
privilegio que eso supone, que arruinarlo todo por lo que crees
que necesitas. ¿Cómo te sentirías si tu pareja estuviera criticando
lo que no cumples de su lista ideal, en lugar de valorar lo que eres
y compartes?

Ten en cuenta que la tendencia a evadirse con sueños y utopías no solo revela una falta de consciencia y una baja capacidad
para poner en acción tu poder, sino que además hace que te pierdas la realidad, que siempre es más nutritiva y milagrosa que

cualquier forma de escape. Tu realidad dispone de todo lo que necesitas para avanzar en tu evolución, en tu camino de retorno a ti y al Hogar. Invertir tu tiempo y tu energía en ensoñaciones idílicas solo te vale si quieres huir de tu presente y de ti, aunque eso no te sirva para nada bueno. Huyendo no solo te vas a perder un millar de cosas que pueblan tu instante actual, sino que también te impide generar la transformación o la evolución que deseas y mereces.

Y, por favor, si te dedicas a desear lo que crees que tienen los demás, ten muy en cuenta que nunca se dispone de todos los datos. No sabes cuál es la realidad que existe más allá de las apariencias, ni tampoco sabes qué precio han tenido que pagar esas personas para alcanzar lo que son y tienen ahora.

Ocúpate de crear tu propio paraíso; tienes ese derecho. Pero recuerda que para lograrlo dedes dejar de esperar que te venga dado: es tu responsabilidad y requerirá de tu compromiso y de tu implicación.

Esto se hace extensivo a la relación de amor que mantienes contigo mismo. Si te juzgas por lo que crees que te falta y no te valoras por los pasos dados, si enfocas tu atención en tus zonas oscuras menospreciando tu luz, difícilmente podrás llegar a sentir Amor por ti. El enfoque desde el que decidas contemplarte depende exclusivamente de ti.

REFLEXIONA

- Haz una lista de todas las cosas maravillosas que ya llenan tu vida. No te boicotees buscando solo lo que consideras grandes cosas; recuerda que tanto los ángeles como los demonios se esconden en los detalles y de ti depende a cuáles alimentes. Así que puedes empezar agradeciendo, por ejemplo, tu vista, que te permite disfrutar del amanecer o del sol por las mañanas, o el privilegio que supone tener agua corriente en casa, o el colchón en el que has dormido... Hasta llegar a lo que te parezca más grande y sagrado en tu vida actualmente.

- ¿Has necesitado perder cosas o personas importantes para valorarlas? ¿Qué generó esas pérdidas?

Elegir día a día o adormecerse en la rutina

Cada instante es un milagro si no te acomodas en la cobardía y en la pereza que envejece la mirada.

Existe una insana tendencia en muchas personas a dejar de valorar lo que existe en su realidad —por mucho tiempo que hayan pasado deseándolo o buscándolo—, una vez que lo consiguen. Parecería que en el momento en que logran *algo*, ese *algo* pierde valor y pasa a formar parte de una normalidad que destiñe los milagros hasta hacerlos desaparecer. Y esta propensión se hace extensiva a las relaciones y al amor.

Demasiada gente ha dejado de valorar lo que supone tener a alguien a su lado a quien amar; se olvidan de lo mágico y lo maravilloso que sentían y podrían seguir sintiendo por ese ser. Una vez establecida la relación, acaban sepultando lo único y especial bajo los deberes cotidianos, las absurdas preocupaciones por el futuro y las quejas; desperdician lo que pensaban (de manera absolutamente errónea) que iba a permanecer de forma eterna. Este tipo de personas olvidan que el Amor, como todo lo trascendental y valioso, requiere de una atención, una veneración y un cuidado constantes para no fenecer. Podemos sorprendernos cada día con su brillo o permitir que se mustie ante nuestra falta de consciencia, ante nuestra incapacidad de cuidarlo, mientras damos rienda suelta a nuestras tendencias más autodestructivas.

Deberíamos comprender que hay una gran diferencia entre sentirnos merecedores y dar por hecho —desde nuestro ego— que lo que tenemos va a seguir estando ahí a pesar de nuestras torpezas y descuidos.

Cuando eres consciente de esta diferencia, cada día emergerá un gran agradecimiento hacia lo que has logrado en la vida, o lo que la vida generosamente te regala, lo que te impulsará a disfrutarlo y a mimarlo. Cuando no eres consciente de esta diferencia, dejas que los días pasen de largo, hasta ese fatídico momento en que te das cuenta de que todo tu campo de cultivo se ha echado a perder. Entonces suelen surgir los lamentos, los arrepentimientos y una pesadumbre inútil. ¿Acaso no es mejor deleitarse con lo que hay mientras esté que llorar su pérdida sin haberlo disfrutado?

Por muchas responsabilidades que tengas en tu vida, ninguna es tan ifundamental como la de amarte y Amar. Y esta responsabilidad implica, repito, consciencia, cuidado, atención y también celebración. Si postergas esta maravillosa responsabilidad bajo un montón de excusas, cansancio, moratorias y rutina, el amor se alejará, y se supone que no es eso lo que quieres. Tu ego puede argumentar hasta el aburrimiento, pero la realidad es que invertir tu energía y tu tiempo en lo intrascendental mientras relegas el Amor es solo una forma de manifestación de tu desconexión esencial y un indicador de cuánto temes sentir(te), debido a la responsabilidad que esto implicaría y los cambios a los que os veríais impulsados tu vida y tú.

Centrándome en el amor en pareja, encontré una clave muy sencilla que mantiene mi corazón encendido como si fuera el primer día de mi relación. Consiste en mirar a mi pareja siendo consciente de que podría no haber llegado a mi vida, y también de que no sé cuánto tiempo va a estar aquí. Desde esa consciencia me detengo a sentir diariamente, a decidir, una vez más, que quiero estar a su lado. Es maravilloso sentir cada nuevo día cómo el centro de mi pecho se llena de Amor y agradecimiento. Es fundamental, como digo, sentir con la consciencia clara de que no sé hasta cuándo perdurará; de este modo puedo vivir cada instante, y de forma plena, el milagro del Amor.

Si has dejado de experimentar este sentimiento, la causa está en que, o bien das por hecho ciertas cosas, poniendo en peligro tu relación y a tu propio corazón, o bien tu pareja no es la persona adecuada y te mantienes junto a ella por miedo o por conformismo, poniendo en riesgo tu fe y siéndole desleal a tu alma y, por consiguiente, a ti.

Dejar de celebrar el milagro del que hablo, sumado a las inercias, los temores disfrazados, las lealtades ciegas y los programas de inconsciencia y autodestrucción, empuja a las personas a la rutina. Y la rutina, gris y mortecina, mata la magia y la ilusión. En ella se adormece el corazón y se anestesian los sentidos. Debido a ella dejamos de cuidarnos y de cuidar. En la rutina se diluye lo que es especial y crecen el aburrimiento y las quejas. La rutina apaga la llama del Amor, porque el Amor, así, con mayúsculas, no puede surgir entre personas insensibilizadas, aletargadas e inconscientes. Así que, ¡despierta!, date cuenta de lo que eres y de lo que tienes, y celébralo.

Y si un día miras a esa persona que se despierta a tu lado y tu corazón no emana chispitas luminosas, si llega el día en que solo tu mente o tu ego dicen que quieres estar junto a tu pareja, sé valiente y márchate. Jamás te quedes por miedo o por costumbre; no te hagas ni hagas ese daño. No le robes, ni te robes a ti mismo, la oportunidad de encontrar el Amor. Cuando en una relación el desgaste supera los beneficios, es el momento de soltar y así darnos —y darle a la otra persona— el permiso para ser felices. Claro que puede que seas de los que caminan sobre un tejido bien amarrado de percepciones pasadas, creencias, inercias y repeticiones que los mantienen convenientemente distraídos, e incluso cargados de razón; de los que pierden día tras día su energía en mantener la inmovilidad, pues les garantiza una falsa sensación de seguridad, y se aburren, se quejan o fantasean esperando que alguien venga a rescatarlos de sí mismos… Si ese es tu tipo de vida, he de decirte que si encuentras a alguien que quiera quedarse a tu lado va a ser un reflejo de toda esa monotonía con la que has decidido decorar tu escenario personal, un reflejo incómodo de la comodidad que con tanto esfuerzo te has empeñado en fijar como base de tu realidad. Y en medio de esa monocromía, adormecido, no podrás ser consciente de lo que funciona y de lo que no funciona ni en ti ni en tu relación.

Es importante aclarar que no estoy diciendo que debas rechazar las «rutinas» que sientan bien. Es más, repite tanto como quieras y puedas todo lo que te nutra y te sirva para hacer crecer tu serenidad y tu felicidad. Pero ten en cuenta que solo recibimos aportes positivos de aquello que realizamos con consciencia y no desde la inercia, ya que esta mecánica produce una mayor dosis de aletargamiento y falsa seguridad, en detrimento de nuestro despertar.

Una vez aclarado este punto sobre las «rutinas sanas», deberíamos preguntarnos por qué tendemos a atesorar más rutinas insanas. ¿Para qué repetimos lo que nos distrae, lo que nos adormece, lo que nos resulta tóxico e incluso insatisfactorio? ¿Para qué dejamos de hacer lo que nos reporta gozo, amplifica nuestra consciencia, nos nutre y nos ayuda a sentir plenitud? ¡Caramba! ¿Realmente nos amamos tan poco como para preferir el autocastigo de las rutinas insanas? ¿De verdad nos sentimos tan indignos como para optar por llenar nuestros días de «vicios vacíos»? Prefiero dejar abiertas estas cuestiones para que reflexiones sobre ellas y encuentres tus propias respuestas.

Muchas personas culpan a su pareja para justificar haber caído en rutinas tóxicas. Aunque carezca de sentido desde el punto de vista del Amor, dicen que han dejado de hacer cosas que les encantaban porque a su pareja nos le resultaban tan estimulantes. Si ese es tu caso, está claro que aún te queda un largo camino para llegar a sentir el amor hacia ti mismo que mereces. Dejar de hacer lo que te sienta bien por otra persona es similar a dejar de ser tú por miedo y necesidad de pertenencia. Es más, si eres honesto, puede que llegues a darte cuenta de que antes de estar con tu pareja hacías esas cosas para llenar un tiempo o un vacío que ahora sientes lleno gracias a ella, con lo cuál solo has cambiado de «adicción», pero en realidad aún no has llegado a descubrir lo que en verdad te nutre y te acerca más a ti.

Hemos visto ya la importancia de mantener espacios en los que cada miembro de la pareja pueda disfrutar de sus propias aficiones como forma de enriquecimiento personal y de la relación. Y es evidente que dejar de hacer lo que nos nutre por otro no es más que una excusa para ocultar el temor a ser criticados, a ser rechazados, a quedarnos solos, o simplemente la justificación de la propia pereza y la ausencia de amor por uno mismo.

Estés en el punto en el que estés, con o sin pareja, ten presente que la rutina mata al amor. Y a día de hoy no creo que podamos permitirnos acabar con algo tan precioso y tristemente extraño, ni por cobardía, ni por pereza, ni por ego.

Permanecer a la expectativa ante la posibilidad de recuperar un posible paraíso perdido o futuro nos impide reconocer la felicidad presente. Y la felicidad solo es tal cuando tomamos conciencia de ella. Dicho de otro modo, da igual lo que seas y lo que tengas; lo fundamental es la consciencia de lo que eres y lo que tienes. Y es solo cuando activas esa consciencia, cuando cambias la mirada del buscador y el «esperador» por la mirada limpia y agradecida del «encontrador», que la felicidad puede llenarte por dentro y por fuera. Cuando esto sucede, no solo dejas de cargar con el pasado y de temer o proyectar el futuro, además tu actitud se serena y cuidas lo que llena tu vida, con la certeza y la gratitud que sienten aquellos que han descubierto lo sagrado en medio de este sistema de laberintos de oscuridad.

La alternativa, aunque sea la más común, me parece poco tentadora. Obviar la realidad presente genera una desconexión y un aletargamiento que te impide darte cuenta de lo que no funciona en ti o en tus relaciones hasta que es demasiado tarde. Y todos sabemos lo que sucede cuando nos damos cuenta de algo demasiado tarde. Está en tu mano solamente transformar el gris apagado de tus actitudes y tus días por el brillo multicolor de los milagros, de la magia y del Amor.

REFLEXIONA

- ¿Qué grado de rutina hay en tu vida? ¿Tienes rutinas positivas o negativas?

- ¿Necesitas de rutinas para sentirte seguro o para sentir que controlas tu vida?

- ¿Caes en las rutinas por pereza?

- ¿Has experimentado la muerte del Amor por rutina? Si la respuesta es afirmativa, ¿qué podrías haber hecho para evitarlo? *¿Para qué* no lo hiciste?

JUEGA

LA PROPUESTA DEL DÍA

En general, te recomiendo que tengas presente que la vida está diseñada para gozar mientras juegas, no para ganar. En particular, te propongo que, junto a tu pareja, escribáis en distintas tarjetitas cosas que no sean habituales y que queráis hacer, y las metáis en una caja. Vosotros ponéis el límite. Todo cabe, desde un viaje hasta un sencillo pero maravilloso masaje en los pies.

También seréis vosotros los que establezcáis las reglas de cuándo corresponde sacar de forma aleatoria una o varias tarjetas para llevar a cabo lo escrito en ellas.

Una variante de este juego es que ambos apuntéis en las tarjetas las necesidades o caprichos que sintáis que no tenéis cubiertas. De nuevo seréis vosotros los que decidiréis cuándo corresponde sacar tarjetas; eso sí, ambos deberéis comprometeros a cumplir la «petición» del otro.

Debido al adiestramiento y la costumbre que tenemos de hacer cosas sin parar, la velocidad de la vida cotidiana y el cansancio que vamos acumulando, a menudo se nos olvida jugar. Y normalmente basta con pequeños gestos que rompan la monotonía de lo cotidiano para recuperar esa magia que parece esfumarse cuando nos hacemos adultos.

Rendición no es sinónimo de conformismo

Descubrí que no había nada que tuviera que cambiar,
nada que pudiera mejorar, y entonces me rendí
y por fin pude descansar.

La rendición es una de las actitudes vitales más interesantes si logras soltarte en ella hasta integrarla. Pero, tal vez por las connotaciones negativas que acompañan a esta palabra, es uno de los conceptos más complejos de explicar y de entender. Rendición, a menudo, se confunde con conformismo, cuando en realidad ni siquiera se parecen. Intentaré arrojar algo de luz al respecto, y para ello comenzaré hablando de la aceptación.

La aceptación parece algo mucho más sencillo de entender. Significa aprobación de algo de forma voluntaria, sin oposición. Si pensamos en ello de un modo profundo, y no nos quedamos en la superficie de lo que el ego califica como bueno o malo, deseable o indeseable, la aceptación sería la actitud mediante la que acogemos lo que la vida nos entrega, lo que hay y lo que somos, más allá de los juicios —que generan nuestra propia escisión—y las preferencias de nuestro ego controlador. Cuando aceptamos, dejamos de resistirnos y, sobre todo, de intentar cambiar la realidad. Aunque pueda parecer lo contrario, la aceptación es la puerta de la transformación; pero esa puerta no se abre si nos hacemos la trampa de aceptar para transformar. De hecho, la aceptación, al contrario de lo que muchos egos afirman, no te deja en una posición pasiva. La aceptación te permite soltar el esfuerzo de la lucha que te mantiene en confrontación y pone a tu disposición las herramientas que te empujan en la escalera de la consciencia.

A lo largo de este libro he ido tratando de distintas formas la aceptación. No puedes pretender reinstaurar el amor en ti sin aceptar todas las partes que te forman, lo que consideras virtudes y lo que consideras defectos. Como tampoco podrás Amar a los demás sin aceptarles en su completitud; para hacerlo deberás rechazar la idea de cambiarles según el antojo o la comodidad de tu ego.

Seguro que has conocido a personas que dicen aceptar, pero se empeñan en manipular para «mejorar» a determinadas personas o situaciones. Estas actitudes falsas que nacen de la deshonestidad delatan una lucha interna que en ningún caso reporta ni paz ni amor.

Una vez aclarado el concepto de aceptación, veamos en qué consiste la rendición y la diferencia que existe entre esta y el conformismo.

Comenzaré hablando del conformismo, una actitud que, si no estamos muy atentos, se va colando en nuestras vidas sin que nos demos cuenta y, relativamente bien camuflado, pasa a formar parte de nuestra cotidianidad. El conformismo es una de las herencias más comunes que conozco. Nos rodea desde que nacemos. Se maquilla de múltiples formas; sin embargo, cuando lo miras a los ojos y lo despojas de sus máscaras, siempre terminas viendo lo mismo: el miedo, la ausencia de amor y la queja.

Conformarse se define como aceptar voluntariamente algo que se considera insuficiente o no satisface completamente un deseo, ilusión o necesidad. Si partimos de esta definición, que parece hablarnos de resignación, nos damos cuenta de que aquí *aceptación* se está utilizando de forma inadecuada y dañina, ya que cuando aceptas no te entretienes en juzgar lo que aceptas como insuficiente.

Pero vayamos más allá. En el fondo, conformarse tiene que ver con el hecho de no aceptar lo que eres y tienes, con pensar que las cosas podrían ser mucho mejor de lo que son, al mismo tiempo que te mantienes subyugado a la pobre percepción que tienes de ti, a esa que te dice que existen «realidades mucho mejores» que otros disfrutan y tú nunca podrás alcanzar. Aquí, el ego puede desplegar argumentaciones variadas: culpar a la vida, a los ricos, a los que son más listos, a los padres, a los jefes, a la pareja o a cualquier persona, institución o cosa a la que hayas cedido tu poder. Y mientras, pierdes de vista lo cierto: que tú eres el único que te puede limitar. Somos nosotros, nuestros miedos y nuestras lealtades ciegas los que construimos un techo bajo que nos impide alcanzar el cielo que nos espera. Somos nosotros los que, aplastados bajo nuestros propios juicios y doblegados bajo la energía de la queja, desconectados y desidentificados de nuestra energía esencial, creemos que existe algo mejor y que no lo podemos disfrutar porque no lo merecemos o porque, en nuestra supuesta pequeñez, no somos capaces de conseguirlo.

En el conformismo se recrudece la lucha. Si te conformas es porque temes perder lo que crees que tienes, sin llegar a ser consciente de lo que eres. Es más, te mantienes en el conformismo no solo porque temas perder lo que tienes, sino también porque sospechas que no vas a lograr nada más. Y esta actitud significa que la lucha, parezca lo que parezca, no tiene lugar contra ninguna entidad externa que te robe oportunidades, sino contra ti y tu ego.

En el conformismo hay una batalla frontal entre lo que sientes como natural y lo que tu mente controladora te obliga a mantener como única opción. A menudo, el ego, que se erige como vencedor en este tipo de contiendas, centra tu atención en deseos que nunca te atreverás a materializar, o en objetivos que no te corresponden y te alejarían aún más de tu centro. Y mientras entretienes tu mirada en lo intrascendente, tu vacío de ti mismo crece, dejándote expuesto a la energía de la envidia, a la angustia y a un montón de emociones y obsesiones negativas, muy feas.

Lo peor es que en este tipo de juego nunca hay vencedor ni final feliz, solo un sabor amargo que termina impidiéndote disfrutar de lo que sí eres, tienes y mereces, además de la queja y la culpa, que siempre son proyectadas contra personas o situaciones

externas y evitan que asumas tu propia responsabilidad, cuando
esta te ayudaría a salir de la cárcel que tú mismo has erigido.

Para resumir, puedo decir que el conformismo no me parece
una buena opción. Quedarte inmóvil, en la inconsciencia de tu
patrón de perfección, conformándote con cómo crees que eres y
debes ser, o con cómo esperan los demás que seas, no es Amor.
Encadenarte a creencias del tipo «Es que yo soy así», «La vida es
injusta», etc., no es Amor. Aguantar junto a una persona a la que
no amas —que ni te nutre ni te aporta nada— por miedo a que
no aparezca nadie más no es Amor. Quejarte de todo lo que crees
que te falta o de lo que crees que no puedes alcanzar no es Amor.
Juzgar a los que han conseguido lo que tú anhelas no es Amor.

Conformarse es permitir que tu miedo venza, y ya hemos
visto que cada vez que el miedo vence el único que pierde es el
Amor. Pero, ¡cuidado!, no creo que la solución al conformismo
sea la ambición o algún otro tipo de lucha desgastante liderada
por las apremiantes necesidades del ego. Del conformismo no se
sale a codazos ni obligándote a conseguir más de lo que tienes y
eres. El mejor antídoto del conformismo es la rendición.

La rendición es la aceptación consciente y profunda del presente sin expectativas ni quejas. Es sinónimo de soltar, de dejar de
resistirse y entregarse por completo con la consciencia profunda de
que, aunque se pueda no entender lo que sucede, todo es perfecto.
Es un estado que te libera de tensiones, porque la rendición acaba
con las luchas. En ella hay apertura, pero no hay juicios ni preferencias del ego (ni tampoco la frustración y las decepciones que
estos causan). Y como sucede con la aceptación, exige una actitud
activa, pues sabes que lo que hay en tu momento presente —aunque no lo comprendas— es lo que realmente necesitas para dar tu
siguiente paso en el camino de retorno al Hogar, al Uno.

Me resulta complicado transmitir con palabras lo que supone
realmente soltar, entregarse, rendirse, dejar de estorbarse. Lo que
te sumerge en lo ilimitado difícilmente se puede traducir en un

lenguaje limitado. Pero tal vez puedas permitirte cerrar los ojos e intentar evocar esa sensación de no estar encadenado a ningún apego ni a ningún miedo. Tal vez puedas hacer «como si» no tuvieras que esforzarte en mantener una imagen residual, o lograr una imagen futura que justifique tu vida y tus pasos. Puede incluso que puedas jugar a sentir que aceptas por completo la perfección aparentemente caótica en la que vives, y llegar a descubrir los hermosos matices que habían quedado ocultos bajo el enfoque del ego. Puede que así, inmerso en un instante de consciencia, recuerdes que no hay nada que cambiar y sí todo por descubrir y disfrutar. Puede que descubras el valor que requiere la rendición y, rindiéndote, reinstaures el Amor en ti. Porque con la resistencia, la lucha, el juicio y la oposición solo estarás dilapidando tu energía en el intento absurdo de alejar el Amor.

Reflexiona

- ¿Cuántas circunstancias de tu vida te esfuerzas en cambiar porque no las comprendes o porque incomodan a tu ego y sus deseos?

- ¿Te has acostumbrado a justificarte explicando los motivos que te impiden aceptar las cosas y a las personas tal como son?

- ¿Te resistes a rendirte porque eres adicto a la lucha o porque tu ego te hace pensar que rendirse es perder?

ANTES DE TERMINAR

RECUERDA

- La herida del abandono tiene que ver con nuestra sensación de separación, pero el problema no es la herida, sino lo que hacemos nosotros con nuestro dolor. El problema no es lo que nos hicieron o dejaron de hacernos, si no lo que nos hacemos a nosotros mismos.

- El dolor más ponzoñoso es el del propio abandono, el de la renuncia a la auténtica esencia por comodidad o por cobardía.

- Cada parte de ti de la que reniegas se manifestará de forma recurrente en tu entorno hasta que te aceptes por completo.

- El sufrimiento y el drama son solo una opción, pero en ningún caso son tú; no los necesitas para existir.

- El Amor es perfecto, pero no viene de la mano de la perfección. Ni nosotros ni ninguna pareja que tengamos será perfecta.

- El agradecimiento consciente es el mejor alimento para la magia, el gozo, la abundancia y el Amor.

- Mientras estés fantaseando con posibles futuros idílicos, te estarás perdiendo el presente. Es mejor agradecer por lo que tienes y ser consciente de ese privilegio que arruinarlo todo por lo que crees que te falta.

- La rutina mata al Amor.
- La rendición es la aceptación consciente y profunda del presente sin expectativas ni quejas. Rendirte a sentir lo que sientes y a ser lo que eres es preferible a resistirte, contenerte, falsearte y así aumentar lo no aceptado hasta que te devora.

Alquimia

Llega cuando nos aceptamos por completo y comenzamos a disfrutar conscientemente de nosotros y de todo lo que llena nuestro presente, sin juicios, sin expectativas, sin excusas.

Llega cuando soltamos y, sin resistencia, nos entregamos a la consciencia profunda de que, aunque podamos no entender lo que sucede, todo es perfecto.

Capítulo 13

La familia y las familias

El concepto de familia es uno de esos que a día de hoy se escapa en cierto modo a mi comprensión. Socialmente, la utilidad de la familia, tal como está establecida, es bastante dudosa si analizamos las consecuencias energéticas y emocionales que de ella suelen derivarse. A lo largo de la historia se ha ido imponiendo la idea de la importancia de la familia —justificada desde la necesidad de protección y una mal disimulada dependencia—, en detrimento de la coherencia, la libertad y el Amor. Sin darnos cuenta, nos hemos aferrado a esta idea equivocada como si se tratara de nuestra salvación. Más adelante explicaré lo que nos ha llevado a este sinsentido.

Me resulta interesante saber que etimológicamente la palabra *familia* deriva de la palabra latina *famulus*, que describe al conjunto de esclavos y sirvientes que vivían bajo un mismo techo. Posteriormente se asocia al *pater familias* con todos aquellos que estaban a su cargo (mujer, hijos, sirvientes, esclavos, etc.) y cuyo alimento dependía de él.

Ante esta etimología, es complicado establecer una relación entre la familia y el amor; es más sencillo asociar el concepto de familia a la necesidad de cubrir posibles carencias. Es decir, parece que en el fondo el concepto de familia está más en resonancia con el apego, el miedo y la dependencia que con cualquier otra cosa.

Esta información le ha podido poner los pelos de punta a unos cuantos egos. Si ha sido así, es muy probable que los «portadores» de esos egos sientan enfado y se estén aferrando muy fuerte a su «razón» (absolutamente contraria a lo que acabo de expresar). Podría pedir disculpas por ello, pero prefiero seguir indagando en lo que significa la familia respecto al Amor, en lugar de argumentar ante los egos que sienten peligrar su zona de confort.

Actualmente existen casi tantos conceptos de familia diferentes como personas en el mundo y, curiosamente, a pesar de esta diversidad, en las definiciones de diccionario no se contempla a una pareja sin hijos como familia... Lo sorprendente es que todavía parece mantenerse la necesidad de tener familia como prioridad vital. ¿O es la inercia de mantenernos esclavizados?

Como ya dije en mi libro *Amar sin sufrir: El libro de los hijos*, no conozco a todas las familias del mundo y por eso estoy segura de que habrá familias sanas o menos tóxicas de lo que es habitual. Si consideras que formas parte de una de ellas, recibe mi enhorabuena. Si no, no te aflijas, solo sigue leyendo.

A lo largo del texto he mencionado la necesidad de comprender que no hay un enemigo externo, que urge renunciar cuanto antes al miedo y a esa percepción distorsionada que nos empuja a diferenciarnos de los demás mientras los sepultamos bajo nuestros juicios. Me he referido a lo imprescindible que es retomar nuestro poder y también dejar de depender para comenzar a reinstaurar el Amor por nosotros, y con él nuestra responsabilidad y nuestra libertad. Pues bien, el hecho de crecer en un núcleo familiar estándar complica bastante las cosas. Desde antes de nacer se nos inocula en las células la preponderancia que debemos dar a nuestra familia de origen, lo cual, unido al Amor que profesamos de forma natural e incondicional a nuestros padres, nos deja aturdidos y confusos en medio de un mundo caótico. Los cuidados que sí necesitamos en nuestros primeros años de vida se

CAPÍTULO 13 | 249

convierten en el mejor campo de cultivo de lo que no es Amor, y desde bien temprano se nos empuja a dejar de ser quienes hemos nacido para ser. Se nos invita a ceder nuestro poder para no retomarlo jamás, y se nos vende, como muestras de cariño, la preocupación, el chantaje y la manipulación. Es en el seno de la familia donde enraízan nuestras creencias y la percepción —que arrastramos años después— de que somos incapaces e indignos de conseguir amor. Y también es en el entorno familiar donde se empiezan a construir los muros tras los que esconderemos nuestro potencial y surgirán los apegos y dependencias; donde cubriremos de sombra nuestra esencia y renunciaremos a nuestra honestidad, a nuestra auténtica responsabilidad y, por tanto, a nuestra libertad.

En general, somos adiestrados por personas que han renunciado a la evolución de sus consciencias y al brillo de sus corazones, que cargan con heridas no tratadas e historias irresueltas, que no se han adentrado en la magia del Amor ni han activado sus auténticos dones, y que se convierten en nuestros referentes, a falta de otros.

El apego a nuestros padres es sembrado desde antes de nuestro nacimiento (durante nuestro *proyecto sentido*). El amor desde el que nacemos, la veneración que sentimos por ellos en nuestros primeros años, y el temor que sentimos ante la posibilidad de que nos abandonen hacen que esa semilla venenosa encuentre terreno fértil en nuestro campo emocional. Si ellos, que son nuestro principal referente en la época en la que vamos descubriendo la vida, permanecen esclavizados en el hechizo de la pertenencia a sus familias de origen, nosotros tenderemos a imitarles priorizando la necesidad, cediendo nuestro poder, subyugándonos a sus dogmas, renunciando a nosotros mismos. Ignoramos que solo al liberarnos de ese apego podemos crecer.

Ya he hablado de las distintas formas de amar y percibir el amor según los referentes que hemos tenido. Me permito recordar de nuevo lo interesante que es comprender que nuestra forma de amar está basada en la forma en que nos permitieron amar y nos amaron en nuestra primera infancia. Así, si el amor en tu familia se medía, por ejemplo, en función del sufrimiento personal, inconscientemente identificarás amor con infelicidad, y aunque la base de tu infelicidad esté en tu interior y en las creencias y heridas que arrastras, utilizarás a aquellos a los que quieras y con quienes te unas para justificar esa infelicidad de la que eres el único responsable. Porque inconscientemente, debido a tus primeros referentes y también a las lealtades ciegas que te vinculan con ellos, considerarás el amor y el sufrimiento como sinónimos (aunque en nada se parezcan).

Una vez más, es nuestra responsabilidad sacudirnos los fantasmas del pasado y crecer, transformar las inercias y los límites de lo que hemos aprendido, recibido o necesitado hasta encontrar ese espacio de aceptación y serenidad en el que recordamos un potencial ilimitado y pleno de dignidad, desde el que podemos crear y manifestar una nueva y más hermosa realidad.

En mi caso, elegí cambiar los grilletes de la familia por los lazos del Amor. Y cada día sigo eligiendo pasar mi tiempo conmigo o con personas a las que amo, personas que tienen un auténtico interés en saber quién soy y cuya compañía me alimenta, me suma. Elijo, independientemente del tipo de vínculo que me pueda unir a ellas, no dedicar tiempo ni energía a personas que me me restan. Para mí es más importante lo que existe en mi presente que lo que existió en mi pasado. Intento caminar junto a personas que están comprometidas consigo mismas y procuran amarse cada día un poco más; personas que prefieren la libertad a mantener la sensación de atadura y deuda eterna con aquellos que viven desde la preocupación, los recuerdos, la queja y la cobardía, que les alejan de la felicidad y el Amor. Dicho esto, podría afirmar que no necesito familia, o al menos no como la contempla esta sociedad. Aunque sí me encanta amar y sentirme amada, y por eso prefiero no encerrar en una palabra la grandeza de mis relaciones.

No digo que mi elección sea la correcta, simplemente la comparto por si le pudiera servir a alguien más. A mí me parece preferible a la actitud mental y emocional de muchas personas que, aun cuando se emancipan y crean un nuevo núcleo familiar, siguen pensando que nadie las va a querer como sus padres o que nadie las va a cuidar o las va a proteger como sus familiares de sangre. Este tipo de apego mental, que no es más que otra forma de cesión del propio poder, revela una siembra corrosiva basada en la falta confianza, y en la que, por tanto, sobrarán motivos para destruir lo que se supone que el sujeto quería crear y afianzar.

Elijas lo que elijas, ten en cuenta que allá donde pongas tu corazón deberías alinear tu mente. No es coherente que tu mente esté enredada en una sensación de necesidad, o de deuda, o de culpa hacia tu familia de origen, mientras tu corazón está enfocado en ti, o en ti y en tu pareja. No es coherente que mantengas unos comportamientos que son los que premian tus antecesores si eso va a herir a la persona que amas y tu relación con ella, ya se trate solo de ti mismo o de ti y alguien más. Y tampoco es razonable que en lugar de responsabilizarte de tu existencia bases tus decisiones en la opinión de tus familiares. Es insano quedarse anclado en un pasado ausente de brillo, en lugar de atreverse a cimentar la vida presente (y, por tanto, la futura) con lo que sí te aporta paz y plenitud.

Si no asumes el riesgo de tus posibles equivocaciones, nunca comenzarás a andar tu camino, y has nacido para vivir plenamente tu vida, no para relegarla o vivir la de los demás.

A pesar del peso de las lealtades ciegas y del temor inconsciente de ser expulsados de nuestro clan de origen, debemos encontrar el coraje de elegir el Amor y no someternos nunca ante el miedo.

Como bien decía Bert Hellinger, tan importante es haber dado el lugar que le corresponde a cada miembro de la familia como priorizar la nueva familia sobre la de origen. Porque igual que sucede con los devastadores efectos que generan, por ejemplo, las madres que «se hacen las pequeñas» obligando a sus hijos a que se responsabilicen de ellas, en los casos en los que se prioriza la familia de origen por encima de la que tú has decidido formar, el fracaso está asegurado.

REFLEXIONA

- ¿Aún buscas el premio o temes el posible castigo de tu familia de origen ante tus decisiones vitales?
- ¿Tiendes a comparar tu vida o la familia que has formado con la de tus padres?
- ¿Priorizas a tu familia de origen por encima de tu pareja, sus necesidades y sentimientos?

ANTES DE TERMINAR

RECUERDA

- Admite el riesgo que supone vivir tu propia vida. Suelta el apego y los miedos y atrévete a ser quien eres en realidad. Tienes derecho a sentir plenitud y Amor, y eso no se consigue manteniéndote encadenado al pasado.

- Lo fundamental no es sentirse acogido y aceptado por una familia, sino compartir con personas que realmente estén interesadas en saber quién eres, sin juicios ni límites; compartir con personas a las que ames, no con personas con las que te sientas unido por las preocupaciones o el sufrimiento.

- Lo más importante es aquello que te reporta paz y Amor. Renuncia a todo lo que te haga sentir mal de forma reiterada.

- Es importante que priorices las relaciones que eliges desde el Amor por encima de aquellas que te han venido dadas por «obligación sanguínea».

ALQUIMIA

Llega cuando priorizamos, con coherencia, el Amor y nuestra serenidad, muy por encima del temor a ser expulsados de nuestra familia de origen por dejar de repetir sus conductas dañinas.

Capítulo 14

Y después de Amar

Elijo amar, y después de amar,
si acaso el dolor me hiciera pensar
que el amor no ha tenido sentido,
elijo seguir amando.

La muerte, temida, desconocida y, por tanto, rechazada es otra manifestación del Amor. Para la mayoría de las personas existe una asociación directa entre el final de la vida física y esta gran maestra. En parte por eso tantos temen su llegada; no se dan cuenta de que a lo largo de la existencia la muerte siempre está presente. Cada cambio, cada transformación y cada final necesario son auspiciados por la Dama Blanca. Temerla o negarla no va a ahuyentarla; al contrario, va a engrandecer su presencia y a hacer más complejas las transiciones que necesitamos para avanzar. Intentar evitar la muerte no es sinónimo de evolución, consciencia o divinidad sino una muestra del apego en el que estamos trabados y una señal de nuestra inconsciencia.

No pretendo decir con esto que debamos buscar la muerte. Lo que deberíamos hacer es vivir plenamente lo que hay en cada momento, conscientes de la impermanencia, para saber soltar cuando un camino esté concluido y en él ya no haya nada más para nosotros.

Deberíamos comprender que no tenemos ningún tipo de control sobre ella, y que un final siempre es preferible a la putrefacción a la que nos abocamos cuando nos empeñamos en optar por la inmovilidad pretendiendo desterrar a esta maestra de lo trascendental.

El único terreno vetado a la muerte es el Amor. Me explico: nada puede matar al Amor; por mucho que nuestra mente se empeñe en negarlo, el Amor es la vida en cualquiera de sus formas. Seguro que muchas personas no están de acuerdo con esta afirmación, pero eso se debe solo a una confusión. El enamoramiento, el deseo, las necesidades y proyecciones del ego sí pueden morir, pero el Amor no tiene nada que ver con todo eso. El Amor, como hemos venido viendo, es mucho más grande. Y sí, por desgracia, puede quedar soterrado bajo un montón de creencias, necesidades y actitudes desacertadas pero jamás morir.

Aunque más adelante hablaré del final en las relaciones, ahora debo hacer referencia a esa insana costumbre que tienen muchas personas de intentar desterrar el amor de su corazón cuando su pareja se rompe. El Universo está presto a atender a quien de verdad quiere reinstaurar el Amor en sí, pero ni comprende ni atiende a quien quiere dejar de Amar. Por desgracia, parece que para eso no necesitamos ayuda, nos bastamos nosotros solos.

Intentaré explicarme mejor. Si has tenido una relación de pareja en la que realmente has creído y con la que te has comprometido, y esa relación, por los motivos que sea, ha terminado —sin una muerte física—, quizá hayas vivido distintas emociones, pero las dos tendencias más comunes son estas: la primera, una obsesión mental que suele durar varios meses y que te lleva a engrandecer lo que has perdido y a intentar recuperarlo, a veces desde el enfado, a veces desde la humillación, a veces desde el miedo y la desesperación, y siempre desde la irrealidad; la segunda no es mejor: la furia, que surge ante el dolor no atendido y pretende arrancar los sentimientos del corazón, engrandeciendo todo lo «malo» de la otra persona y del tiempo compartido, para intentar aniquilar cualquier atisbo de amor. Y existe una tercera opción mucho más sana y tremendamente infrecuente: bendecir, agradecer por lo que has compartido y aceptar que, a pesar de la bifurcación de caminos, vas a seguir amando a esa persona aunque ya no puedas seguir compartiendo tu tiempo con ella.

Normalmente, las relaciones no se terminan porque el Amor se acabe. Si las relaciones han estado basadas en la imperiosa necesidad de cubrir carencias y en todas las mentiras que desde esa necesidad despliega el ego, nunca habrá habido amor, con lo cual no hay nada que intentar matar. Como mucho, para sacar el mejor partido de la experiencia, se puede aprovechar para hacer revisión de los autoengaños y de las inercias, que nos han hecho caer en nuestras propias trampas.

Si, por el contrario, la relación ha estado basada en el descubrimiento de los claroscuros del otro y en los propios, en la entrega, en el compromiso y en la honestidad —incluso cuando haya sido así solo por parte de uno de los dos—, el final llega cuando no queda nada por andar junto al otro, puede que porque los puntos de evolución sean muy diferentes o por otros motivos que no son relevantes ahora. Si este es el caso, si de verdad has amado, intentar matar el amor que has sentido y que, a pesar del final, sientes, es como intentar aniquilar lo mejor de ti, como apagar tu luz y condenarte a la más terrible oscuridad.

Lo mejor y más grande que podemos experimentar en esta existencia es el Amor, y eso, como hemos visto, no tiene que ver con permanecer para siempre junto a alguien que no seas tú. Por eso, si lo has hallado, si lo has rozado, bendice ese milagro y guárdalo reverentemente como el tesoro que es.

Recuerda que Amar no implica permanencia ni inmovilidad; implica impermanencia y fluidez. Amar no es un contrato en que se estipule que cada cual ha de quedarse quieto para no incomodar al otro; aAmar es soltarse y soltar. Podemos amar a personas a las que no volveremos a ver, y lo natural cuando amamos es desear que esa persona sea feliz, independientemente de si su felicidad tiene lugar o no a nuestro lado.

¿Desde dónde seguirás tus pasos si te empeñas en aniquilar al Amor porque las cosas no han salido como tu ego quería? Si eres tú desde tu enfado o tu frustración quien destierra al Amor de ti, dejarás de percibirlo, y la condena de desamor y las creencias que intentan desmentir al Amor se convertirán en tu cadena perpetua. Serás un alma desesperada más, perdida en el karma de su olvido; un humano más alimentando la creencia de la dualidad, la que distingue entre buenos y malos, dignos e indignos del Amor, en base al cumplimiento de un *patrón de perfecci*ón o de la consumación de los deseos particulares del ego de cada mal.

Cada vez que, por falta de consciencia o por no saber gestionar nuestra rabia y nuestro dolor, nos empeñamos en dejar de amar, cerramos más nuestro corazón, y cuanto más lo cerramos, más negamos nuestra vulnerabilidad. Y como hemos visto, la negación de nuestra vulnerabilidad impide la sanación de nuestras heridas y la gestión eficaz de nuestras emociones. Cuanto más empeño ponemos en dejar de Amar, más nos alejamos de nosotros mismos y de nuestro propósito vital.

Intentar dejar de Amar es apostar por el miedo, y esa apuesta siempre nos hace perder, sobre todo a nosotros mismos, nuestra divinidad y todos los milagros que de ella se derivan de forma natural.

Una vez aclarada la inconveniencia de intentar acabar con el Amor, profundicemos en la conveniencia de saber dejar ir lo que está muerto.

REFLEXIONA

- ¿Alguna vez has deseado dejar de amar a alguien? ¿Para qué? (Recuerda no responder con «porque»).
- ¿Eres consciente de que dejar de amar nunca mengua el dolor? Lo que mengua el dolor son la aceptación y la rendición, que siempre requieren de una enorme dosis de Amor.
- ¿Puedes mantener intacto tu Amor incluso sin poder estar con la persona a la que amas?

JUEGA

LA ÚLTIMA VEZ Y LA PRIMERA

Para mí, uno de los mayores errores que comete la gente es dar por hecho que lo que tienen, lo que han logrado, va a estar ahí siempre. Por eso te propongo dos sencillos juegos de consciencia.

El primero consiste en que te des cuenta, cada vez que te despides de tu pareja, incluso cuando le das las buenas noches, que podría ser la última vez que le vieras vivo. Si lo piensas bien, independientemente de vuestra edad, una de esas veces puedes acertar. ¿Y si fuera hoy? ¿Cuáles son las palabras y los gestos que le regalarías? No esperes a que un día ya no esté. Nunca te despidas con palabras o gestos feos,

nunca des nada por hecho, y si le amas, utiliza cada oportunidad para hacérselo saber.

El segundo es igual de sencillo y muy hermoso. Cada
mañana, sin abrirle las puertas a temores y costumbres, solo
sintiendo tu corazón, decide si quieres seguir junto a esa
persona. Si tu corazón responde que sí, aprovecha ese momento para sentir lo privilegiado que eres y agradece por lo
que tienes, por lo que eres y por todo lo que te aporta tu
pareja. Si la respuesta es no, entonces tendrás que revisar
otras cosas. Sea como sea, este ejercicio te servirá para darte cuenta de lo que falla, antes de que un cadáver se quede
olvidado en tu armario.

Un cementerio en el armario

Prefiero morir a permanecer dormida
bajo el yugo del miedo, pues la muerte,
en sus manos, siempre trae vida.

Si bien la muerte es algo natural e imprescindible, nuestra
programación socioadaptada, al menos en occidente, nos impide
mirarla, asumirla y respetarla.

He de decir que, en general, es nuestra incapacidad para vivir,
nuestro adormecimiento y nuestro esfuerzo por sobrevivir lo que
nos hace temerla. Nuestra mente dominadora, esa que mantiene
amordazado nuestro corazón mientras navegamos entre el supuesto pasado y los posibles futuros, hace que nos perdamos lo
único que existe, el presente. Y al no vivir con consciencia el
continuo de instantes que conforman nuestra existencia, nos afe-
rramos desde el egoísmo, desde el terror y desde una gran canti-

dad de *no verdades* a lo que ya no tiene nada que ofrecernos. Esta actitud y esta falta de consciencia que impide que lo natural se dé de forma fluida, tierna y sencilla contagia todos los aspectos de nuestra vida, aunque aquí nos centraremos solamente en el que tiene que ver con la relación de pareja.

Muchos hemos sido educados a base de creencias que nos han hecho pensar que tener una pareja, sea al coste que sea, es fundamental. La mezcla de estas creencias suele funcionar como un cóctel explosivo, que se suma a todas las disfunciones emocionales que padecemos. Todas esas heridas purulentas que no hemos sabido o querido atender nos llenan de miedos y de juicios que nos autodescalifican como seres dignos, completos y merecedores. Es normal entonces que, en este estado, nuestras búsquedas se centren en lo externo, y lo que es peor, que olvidemos priorizar lo realmente trascendental; bueno, en realidad no es que no lo prioricemos: es que lo obviamos, no lo tenemos en cuenta. De esta manera acabamos concediendo más importancia al vano camuflaje de la soledad que a nosotros mismos, más importancia al miedo que al valor y al Amor.

Probablemente por estos motivos tanta gente se mantiene atada a personas que no suman a su evolución, ni mucho menos a su felicidad. Mantienen relaciones cuyo fondo y cuyo propósito desapareció y de las que solo quedan la costumbre, la falsa comodidad y la anestesia de un temor con el que viven cada día. Dicho de otro modo, probablemente por estos motivos muchas personas no contemplan la idea de dejar a sus parejas, por muy infelices que se sientan a su lado, porque creen que mientras tengan pareja podrán mantener aletargados sus mayores miedos.

Si intentamos entender y valorar desde la mente cuándo se acerca el final de una relación, difícilmente nos acercaremos a la verdad; solo desde el corazón podremos encontrar la auténtica comprensión, la que no argumenta y solo observa lo que hay, sin intentar que sea de otra manera. Desde el corazón nos atrevemos a soltar y dejar ir lo que ya no es para nosotros; nos rendimos y, al rendirnos, ni nos oponemos a lo que es ni intentamos manipular para que sea de otra forma. Recuerda que la rendición es muy diferente al conformismo. Desde el conformismo —que es mental— te resignas, mientras mantienes la amarga creencia de que ahí fuera hay mucho más que tú no puedes conseguir; te aferras a cualquier cosa por muy tóxica que te resulte, sin llegar a darte una oportunidad o dársela a la otra persona, a esa que supuestamente amas o has creído amar.

Te diría en mayúsculas: jamás mantengas una relación de pareja por conformismo; independientemente de lo que pueda suceder en tu vida, después de terminar tu relación con alguien siempre te tendrás a ti, y eso es lo único que realmente necesitas. La soledad mal camuflada junto a alguien es mucho peor que la soledad que puedes llenar de ti. Si te mantienes encallado en una historia cuyo final hace tiempo que llegó, eres tú quien se está robando todas las oportunidades y los permisos para ser feliz; es más, eres tú quien se está dando razones para creer que no mereces más amor. Pero como he comenzado diciendo, por esos programas que nos hacen creer que lo fundamental es tener pareja, y por el miedo a la muerte, que ha sido sembrado en lo más profundo del inconsciente colectivo occidental, lo usual es que te conformes e incluso boicotees las relaciones para repetir lo que has visto en tus progenitores y en tus referentes y mantenerte acomodado en la infelicidad, porque eso te ayuda a seguir perteneciendo al clan y sostiene tu *inversión de vida* y tu identificación con ese personaje mermado y despojado de su divinidad en el que te has perdido.

Muchos factores pueden provocar que una relación de pareja vaya mal. Hemos visto que establecer un compromiso con otra persona cuando no estás comprometido contigo o pensar que amas a otro cuando no has recorrido el sendero del amor a ti mismo son un pésimo punto de partida para una relación de pareja. También hemos bosquejado el desastre que se repite cuando no hemos sanado nuestras heridas y cuando no nos hemos bosquejado de las lealtades ciegas a nuestra familia de origen. Esto y el cúmulo de sinsentidos que, desde el karma de la humanidad (el desamor), nos hacen creer que el Amor no es posible, o no al menos de forma plena y absoluta, son solo algunos de los terrenos usuales sobre los que cimentamos nuestras relaciones. Lo común en todos ellos es que en las maletas que portamos para crear nuestra historia se haya instalado el miedo. Y cuando se instala el miedo, además de dejar ocupado el terreno que le pertenece por derecho al Amor, dejamos de saber *desde dónde* y *para qué* estamos ahí.

Los humanos somos expertos en disimular el miedo con excusas de supuesta practicidad y con argumentos que contribuyen a que nuestro ego mantenga su razón y pueda permanecer «a salvo». A menudo ni siquiera le damos a nuestro miedo el único uso positivo que podríamos darle: descubrir, a través de lo que nos señala con sus flechas, dónde está escondida nuestra herida y dónde están los límites heredados. Al contrario, le permitimos que campe a sus anchas desbaratando incluso lo que sí está bien o podría estarlo. Y de este modo, a menudo construimos prisiones donde pretendíamos palacios, llenamos los armarios de cadáveres que no queremos reconocer y aguardamos a que alguien externo se haga eco de nuestra propia sentencia de muerte. Finalmente, por resonancia o por costumbre, acabamos enmarañados en un círculo de obsesión mental que no solo hace que perdamos de vista la realidad y los tesoros que se esconden tras nuestros temores, sino que además manifiesta nuestras peores pesadillas.

Son estas inercias, de las que no somos —o no queremos ser— conscientes, las que nos dificultan saber cuándo una relación está herida de muerte o cuándo, simplemente, está llegando a su fin.

Y si ser testigo de una muerte lenta puede ser duro, empeñarse en mantener el cadáver, como si fuéramos una versión renovada de Norman Bates en *Psicosis*, es mucho peor. En el Amor, como en los demás ámbitos de la vida, lo que llena nuestros armarios, sobre todo si es inútil y viejo, impide que lo nuevo llegue. Porque el estancamiento, por definición, impide la fluidez.

En algunos casos la muerte de una relación coincidirá con la muerte física de uno de los miembros de la pareja, y, como en los casos de separación, será imprescindible seguir un proceso de luto, del que hablaré más adelante. Antes me gustaría que reflexionaras sobre el saber dejar ir y el saber marcharse. Esta aptitud está exenta de excusas y repleta de coraje. Como sabrás, la palabra *coraje* deriva de la palabra «corazón». Por tanto, tener coraje implica actuar desde el corazón y no desde la mente o desde el ego. Encontramos el coraje necesario para hacer lo que debemos cuando, alineados con nuestra esencia, nos atrevemos a amarnos. Cualquier justificación o postergación para mantener una parálisis que nos resta amor nos puede conducir a comportamientos que resuenan con nuestras lealtades ciegas, nuestro karma y nuestras creencias heredadas, pero que en ningún caso nos pueden acercar a nuestro *dharma*, a nuestro propósito de vida. Este acercamiento es muy sencillo: basta con ser honesto y coherente; así, cuando el desgaste supere los beneficios que nos reporta una relación, sabremos que ha llegado el momento de decir adiós, de darnos el permiso de ser felices y de dárselo al otro. Permanecer en una relación por miedo a que no aparezca nadie más es un gesto claro de desamor hacia ti y hacia la otra persona.

Pero ¡cuidado! No debemos confundir esto, en ningún caso, con la tendencia impetuosa de huir cuando las cosas no son como nuestro ego quisiera, ni con la tendencia a abandonar para no tener que ver nuestras heridas y responsabilizarnos de ellas (incluida la del abandono y el miedo a que te dejen). Una relación llega a su fin cuando ya no tiene nada más que ofrecerte. Dejarla solo por incomodidad o cobardía cuando aún tiene heridas que mostrarte o algo que aportarte te empujará a otra relación igual o peor: una relación en la que todo lo que no quisiste ver en la anterior se muestre de forma más intensa.

Aunque a muchos egos despistados que prefieren ceder el poder a otros les encantaría contar con un listado de señales que indiquen cuándo decir adiós, no se lo proporcionaré. Por un lado, sería incoherente que les diera a esos egos el gusto de tomar un poder que no es mío; por otro, la lista sería interminable y considero que bastante desacertada. Lo que sí puedo sugerir es que te permitas sentir y escuchar a tu corazón, porque él te dirá sin duda cuándo «huele a muerto». Y también recordarte que quedarte por miedo nunca es un indicador de Amor.

REFLEXIONA

- ¿Cuánto tiempo y energía has dilapidado por aferrarte a algo que ya había acabado?

- ¿Tu miedo a la soledad o tus creencias y lealtades ciegas te han hecho permanecer junto a personas que no te aportaban paz, crecimiento y felicidad?

- ¿Sabes reconocer cuando algo está llegando a su fin? ¿Sabes soltar y dejar ir desde el amor o te aferras a tus apegos y tus temores?

La buena muerte

Ahora y siempre te bendigo,
porque tu presencia, durante un precioso tiempo,
dio luz a mi corazón.

Asumamos que una ruptura implica dolor. Incluso cuando esa ruptura llegue en el momento adecuado y sea consensuada por ambos miembros de la pareja, supondrá un recordatorio inconsciente de «la separación primera», la que nos empuja a la búsqueda del Amor y del Uno.

Además, inevitablemente, echaremos de menos las rutinas que teníamos establecidas como forma de vida con esa persona, desde dormir junto a ella hasta ir de vacaciones juntos, pasando por muchas pequeñas cosas que, mientras estábamos inmersos en la relación, podíamos no percibir o valorar debidamente. Y por si esto fuera poco, nuestro ego puede mostrar dudas y anhelos que nos dificulten el tránsito, o, en el peor de los casos, entretenernos mostrándonos las peores pesadillas de fracaso y desolación. Podemos sentirnos furiosos, ignorar la realidad esperando un reencuentro o anestesiarnos con diversión y una gran cantidad de mentiras. Incluso podemos cargarnos de razón mientras intentamos ahogar el amor que hemos sentido en un montón de chapapote para menguar nuestra falta de entendimiento y nuestra desazón.

Si bien el dolor es inevitable, el resto de emociones, tan posibles como usuales, que he presentado, se pueden evitar con un poco de consciencia, con Amor y con una decisión vinculada con el compromiso personal. Veamos formas menos duras y más adecuadas de vivir el inevitable luto al terminar una relación.

Para empezar, independientemente lo que haya sucedido, deberíamos comprender que a esa persona, con todo lo que la formaba, la elegimos nosotros con un propósito consciente y otros cuantos inconscientes. Lo que esa persona representaba resonaba con nosotros y nuestras necesidades de crecimiento y sanación. Por lo tanto, deberíamos entender que lo que sentimos en relación a lo que nos haya hecho no es del todo real. Me explicaré. Suelen existir bastantes diferencias entre un hecho o una circunstancia y la forma en que la vivimos. Nuestras emociones, contaminadas por todas esas heridas que no hemos sabido sanar, pueden distorsionar por completo la realidad. Tanto si es el caso como si pensamos que no ha habido contaminación y distorsión emocional, lo que hemos vivido junto a esa persona es lo que necesitábamos experimentar para evolucionar. Las experiencias traídas por nuestra pareja son un regalo, una oportunidad para que descubramos aquellas áreas que mantenemos en la sombra, sin atención, sin compasión, sin Amor. Y nuestras reacciones ante ellas son pistas que nos hablan de nuestras inercias tóxicas, de nuestros miedos, de nuestra rabia y del dolor que no estamos sabiendo gestionar. Por todo eso, en la despedida no deberían caber ni las culpas ni los reproches. Al contrario: una vez que nos damos cuenta de que todo lo que hemos experimentado nos lo hemos hecho nosotros mismos —de forma inconsciente—, deberíamos agradecer a esa persona por haberse prestado a disfrazarse de lo que realmente necesitábamos, aunque no fuera lo que deseábamos. Deberíamos asumir la responsabilidad de evitar esa tendencia a lanzar palabras y pensamientos hirientes —manifestación de nuestro desgarro o nuestra impotencia— para dañar al otro. Haciendo daño a otro nunca menguará nuestro dolor; al contrario, conseguiremos que se enquiste.

En lugar de desaprovechar lo que esa relación nos trajo, obviando, negando o destruyendo lo que sí estuvo bien, deberíamos aprender a reconocerlo y agradecerlo.

Pondré un ejemplo para que reflexiones sobre la diferencia entre terminar una relación y quedarte trabado en el obsesivo bucle repitiendo cosas como: «No me hiciste sentir seguro», «No me hiciste sentir importante para ti», «No me diste el espacio para sentirme mujer/hombre», etc. Al despedirte de la persona

que supuestamente has amado —y a otro nivel sigues amando—
y con la que has compartido tantas cosas, dile, por ejemplo: «Gracias por todo lo que me has hecho reír», «Gracias por todas las
horas de placer a tu lado», «Gracias por haberme mostrado lo
mucho que necesito sentirme importante y seguro», etc. Y además, ten la humildad de reconocer las cosas que esa persona necesitaba y no has sabido darle, por ejemplo: «Siento no haber sido
más paciente», «Siento no haber sabido hacer que te sintieras ad-
mirado y válido», etc. Es importante no perder de vista que en
una relación de pareja el éxito o el fracaso nunca depende de una
sola de las partes. Hacer un examen honesto desde ambas perspectivas puede aportar mucha calma cuando llega el final y una
nueva comprensión sobre ti mismo. Además, esta forma de cerrar
una relación me parece un homenaje hermoso a lo que fue y, por
el motivo que sea, va a dejar de ser.

Lo ideal, en mi opinión, es llevar esto a cabo de forma oral y
presencial, pero también puede hacerse por medio de una carta, que
ni siquiera debe ser enviada. Al fin y al cabo, el propósito es aumentar tu propia paz y no devastar el amor por una ruptura o un final.

Después de esto, deberemos tener paciencia y permitir que,
como sucede con un *shock* o con una herida física, el tiempo pase
y con él —y con nuestros mimos—, el dolor vaya decreciendo
hasta desaparecer.

Un luto normal dura entre tres semanas y tres años. Si se prolonga más en el tiempo, nos está indicando que estamos apegados
al sufrimiento y a la pérdida, señal inequívoca de ausencia de
amor a nosotros mismos y de una probable adicción al drama.
Puedes no olvidar jamás a alguien, puedes amarle para siempre y
echar de menos cualidades y momentos compartidos que no vol-
verás a encontrar junto a otra persona, pero esto no tiene por qué
estar teñido de dolor; al contrario, si has tenido el privilegio de
descubrir estos aspectos, si has amado y has gozado, hasta cuando
lo añoras hay agradecimiento en tu corazón.

Por otra parte, lanzarnos a quemar la vida e intentar ignorar el proceso de duelo atiborrándonos de distracciones no hará que podamos saltárnoslo, ni tampoco que dure menos. Igual que sucede con la muerte, las fases del duelo son algo natural y a lo natural hay que darle el espacio y el respeto que merece.

Es muy recomendable, mientras dura el duelo, no tener contacto con la persona por la que estás viviendo ese duelo. Hay quienes se engañan diciendo que pueden cambiar una relación de pareja por una de amistad; otros buscan reencuentros esperando que todo sea diferente y pueda haber una reconciliación. Y algunos, finalmente, se niegan a soltar y a dejar ir, y se esfuerzan en mantener sus armarios y habitaciones llenos de cadáveres. Lo cierto es que, aun cuando fuera posible que de una relación de pareja surgiera una de amistad, la mayoría de nosotros no estamos preparados para que se hurgue en una herida no cerrada ante la presencia de nuestros ex. Repetiré, pues, que es necesario respetar el tiempo del luto, y esto no es posible si seguimos en contacto con la persona cuya «muerte» estamos llorando. Si la relación de pareja ha terminado porque, al menos en ese momento, no cabía seguir compartiendo, es absurdo empeñarnos en seguir «compartiendo desde otro lugar».

Los casos en los que hay hijos en común, sobre todo si son pequeños, resultan más complicados; pero hasta en esos casos los padres necesitan un proceso de «desintoxicación» para poder continuar de la mejor manera con sus vidas, por su bien y por el bien de sus hijos.

Por último, me gustaría que reflexionaras sobre lo inadecuado que sería compartir —o querer compartir— tu vida con una persona y estar comparándola con uno o varios ex. Cada uno de nosotros es absolutamente único, con aspectos mejores y peores, y las comparaciones, que siempre están promovidas por el ego, nunca traen nada bueno. Comparar es tan nocivo para el que

270 I REGRESA A TI

compara —que por estar en esa energía puede perder todo lo que llena su presente y seguir atado a fantasías del pasado— como para el que es objeto de comparaciones —que difícilmente se va a sentir valorado o amado—.

La comparación es igualmente perniciosa si se hace sobre aspectos negativos de los ex. Si tus parejas repiten actitudes negativas, deja de culparlos y compararlos, y revisa qué estás atrayendo y por qué tipo de personas te sientes atraído. Revisa si estás repitiendo la relación de tus padres o abuelos, y, sobre todo, presta atención a lo que esos «defectos» dicen de ti, de tus sombras y de tus heridas. Y, en cualquier caso, plantéate que tal vez estés viviendo la manifestación de tu temor a que se repita lo que ya viviste.

Lo que sucedió puede formar parte de tu historia personal de forma constructiva o destructiva; solo depende de lo que tú decidas hacer con ello y de la parte de ti en la que lo quieras guardar: en la mente obsesiva, en el corazón o incluso en la laguna del olvido.

REFLEXIONA

- ¿Has sacado partido de las relaciones que has tenido?
- ¿Necesitaste descalificar a tus parejas y lo vivido con ellas cuando vuestra relación se acabó?
- ¿Te cuesta soltar a tus ex cuándo la relación de pareja se termina? ¿Qué temor esconde ese apego?
- ¿Te pierdes la realidad presente por compararla con lo que hubo en tu pasado?
- ¿Cómo te sentirías si tu pareja te estuviera comparando con sus ex?

JUEGA

ANTES DE TI, NADIE

Hemos visto lo negativo que es estar comparando a tu pareja con tus ex y lo importante que es priorizar la «familia» que tú formas por encima de tu familia de origen. Esto incluye tomar conciencia de que estás repitiendo aspectos de la relación de tus padres entre ellos o lo que mantuvieron contigo. Evidentemente, este tipo de repetición no va a generar relaciones muy satisfactorias, pues son relaciones de reparación; pero mientras aumenta tu consciencia y tu amor por ti puedes prestar atención para, al menos, no repetir frases como «Mi madre lo hacía», «Mi padre siempre/ nunca...». Deja de intentar emular o evitar la vida que ellos vivieron. Ellos tuvieron sus oportunidades y tomaron sus decisiones, e independientemente de lo mucho o lo poco que sacaran de ellas, tú debes buscar tu propio camino.

Compórtate con tu pareja como si fuera tu primer referente en lo que al Amor compartido se refiere. Esta actitud eliminará tus expectativas y te abrirá a una vulnerabilidad, entrega y receptividad limpias.

Si esto te resulta muy complicado porque te has descubierto repitiendo la relación de tus padres o la que tú mantenías con ellos, ocúpate de sanar las heridas que ese pasado dejó en ti. Mientras no sanes, no estarás listo para atreverte a Amar de una forma absoluta y certera.

ANTES DE TERMINAR

RECUERDA

- Dejar ir el pasado es tan importante como disfrutar plenamente del presente. No lograrás disfrutar del presente mientras no sueltes el pasado.

- Lo único que te llevarás contigo el día que abandones tu cuerpo será el Amor que hayas sentido.

- El Universo ni comprende ni atiende a quien quiere dejar de Amar.

- Si no sabes gestionar tu rabia y tu dolor, cerrarás tu corazón y te alejarás del Amor. Así te resultará mucho más difícil sanar tus heridas.

- Para avanzar es imprescindible rendirse, aceptar lo que hay, acogerlo sin resistencia ni control en nuestro corazón. Recuerda que la lucha, el apego y la manipulación nunca son sinónimos de Amor.

- No mantengas relaciones de pareja por conformismo. Cuando la tensión, el aburrimiento o el vacío sean más grandes que los beneficios, date el permiso de decir adiós para ser feliz y dáselo a la otra persona: ambos lo merecéis.

- No compares; en las comparaciones solo interviene el ego, nunca el corazón.

ALQUIMIA

Llega cuando comprendemos que, independientemente del final de una relación, el Amor puede y merece permanecer.

Llega cuando bendecimos lo que experimentamos, sin apego.

Capítulo 15

Si aún no has encontrado a tu persona

Ningún paso de mi camino debe alejarme de mí
ni servirme como excusa para perder la fe en el Amor.

A lo largo de mi vida me he encontrado con muchas personas que justifican su infelicidad culpando a la pareja. Algunas culpan de su falta de serenidad a la pareja que tienen o incluso a las que han tenido; otras la achacan al hecho de no tener con quien compartir sus vidas. A estas alturas del libro ya debería estar claro que tu felicidad solo depende de ti y de cómo elijas afrontar tus circunstancias. Es decir, lo que vives y el modo en que lo vives no depende en ningún caso de la presencia o ausencia de otra persona y sus comportamientos. No obstante, quisiera dedicar este capítulo a los que han caído en la trampa de priorizar el tener pareja por encima de sí mismos, y que están, pues, haciendo un mal uso del concepto del Amor.

Lo primero que debes tener en cuenta, si es tu caso, es que centrar tu energía en la necesidad de tener pareja no es más que una estrategia de boicot del ego, que te mantiene desenfocando de lo realmente importante: tú. Supeditar tu amor por ti mismo al amor que crees que puedes experimentar junto a otro es un juego en el que es imposible ganar. No se me ocurriría decir que las personas que tienen pareja la tienen porque se aman a sí mismas, pero sí me atrevo a afirmar que si piensas que no puedes ser feliz porque no tienes un compañero, es evidente que no te amas. Y si no te amas, antes de que la vida te ponga a prueba cruzándote con alguien que se ame tan poco como tú, te recomiendo que vuelvas a leer este libro tantas veces como sean necesarias hasta que seas capaz, de forma natural, de llenar tus días y tus espacios de ti; hasta que el hecho de tener o no pareja sea algo que pueda sumar, pero en ningún caso sea lo prioritario.

Puede que no te estés sintiendo comprendido por mí en este momento. Tal vez tengas argumentos del tipo: «Con una pareja podía hacer muchas más cosas», «Con una pareja me sentiría menos solo», «Soy el único de mis amigos que no tiene pareja», o cualquier otro; pero, repito, independientemente de los argumentos que enarbolen tu mente y tu ego, te invito a leer de nuevo este libro e ir reflexionando hasta que te des cuenta de que a quien realmente necesitas es a ti. Y mientras estés vacío de ti, nada ni nadie va a menguar tu desazón, tu desubicación y tu añoranza. Mientras tú te sigas abandonando, nadie se va a quedar a tu lado.

Y recuerda siempre que tanto la impaciencia como la preocupación —que se puede manifestar como control, como límite o de muchas otras formas— son las dos energías que cierran los caminos. Si te impacientas y te preocupas por tu futuro o por tu pasado, o por cualquier otra cosa que escape a tu control, te provocarás un estado de ansiedad y de temor que aumentará tu vacío y te impedirá descubrir todo lo que llena tu presente. Y así no es sencillo ser feliz ni tampoco amar.

En lugar de desesperarte, de hacer preguntas cuyas respuestas no quieres oír y de exigir, ábrete a recibir lo mejor que la vida tenga hoy para ti. Hazlo cada día sin ponerle límites o etiquetas a lo que recibas o a la forma en la que te tiene que llegar. Disfruta de ti mismo y goza de la ilimitada capacidad que tiene la vida de sorprendernos.

Si actúas desde la consciencia, sin desperdiciar la ocasión, encontrarás a la persona adecuada para ti en el momento apropiado para ambos. Piensa que algo que sucede fuera de su momento conveniente es peor que algo que no sucede.

La energía que emiten las personas que están desesperadas por encontrar pareja es patética. Sé que suena duro, pero es la verdad. Ellos no se dan cuenta, pero esa mendicidad desesperada desde la que se mueven provoca mucha grima y muy pocas ganas de que se te acerquen. Y es evidente que desde esa energía, que puede llegar a ser muy irrespetuosa e incluso algo vampírica, no van a acercarse al Amor ni el Amor se va a acercar a ellos. Esto no quiere decir que no vayan a encontrar pareja; siempre pueden juntarse con alguien que resuene con su baja frecuencia, pero ten por seguro que desde ahí no van a acercarse ni al Amor, ni a la felicidad, ni a la serenidad que proporciona el sentimiento de completitud.

Si vives la situación aparentemente imposible de tener tanto miedo como necesidad de pareja, también te recomiendo volver a leer este libro. Sería interesante que encontraras un punto de acuerdo y paz dentro de ti, un terreno calmo donde sea la coherencia la que te guíe; de lo contrario, tu propia lucha interna destrozará cualquier oportunidad, a veces incluso antes de que esta prospere.

El miedo a tener pareja suele indicar una baja autoestima, una falta de aceptación de partes de ti que temes dejar al descubierto. Da igual cómo justifiques tus miedos. Te cuentes lo que te cuentes, en el fondo estás hablando de ti y de tu relación contigo mismo.

Si lo que te sucede es que buscas parejas «imposibles», tendrás que revisar tu miedo al compromiso y a la responsabilidad, que siempre van de la mano de lo real.

Si eres de los que siempre se encaprichan de personas que ya están comprometidas, tendrás que revisar cuánta energía derrocha tu ego en necesitar ser «el elegido», en ser más especial e importante que los demás. Pregúntate qué ganancia obtienes al empeñarte en algo que más pronto que tarde te provocará una decepción. Para qué entrar en el terreno del Amor desde la lucha, cuando esta es la naturaleza opuesta a lo que tu alma necesita.

Si siempre acabas manteniendo relaciones destructivas, revisa urgentemente cómo te destruyes a ti. Recuerda que nuestra tolerancia al maltrato externo es proporcional al maltrato interno al que nos sometemos. Cuando no te autodestruyes tampoco utilizas a los otros para destruirte o para justificar tu destrucción.

Si, como he observado muchas veces, lo que buscas es un padre o una madre para tus hijos, he de decirte que no estas abierto al amor, solo estás enfocado en cubrir un patrón social o en perpetuar tu transgeneracional, y eso suele indicar que no crees en ti y en tus posibilidades, con lo cual no te amas. Y si no te amas, es preferible que no tengas hijos, pues no sabrás tampoco amarlos ni sabrás darle el permiso para que se amen y sean felices.

Si buscas a tu padre o a tu madre, mejor deja de buscar y ocúpate de sanar las heridas que mantienes de tu relación (o falta de relación) con ellos antes de lanzarte a la repetición de un desastre. Crece y así te darás la oportunidad de encontrar a una pareja con la que caminar y no a un sustituto al que rogar y ante quien tengas que demostrar que mereces ser querido.

Sea cual sea la energía con la que buscas pareja, si quieres otorgarte el regalo de experimentar un encuentro y compartir desde el Amor en el que poder crecer, y no solo la experiencia de poner un apósito a todo lo que no quieres mirar y sanar de ti, revisa tus lealtades ciegas, abandona tu *inversión de vida* y comienza desde ya mismo a sentir y a crear la vida que realmente mereces.

Aunque no lo creas, decirlo es tan fácil como hacerlo; solo necesitas comprometerte contigo y estar realmente dispuesto a desapegarte de esa *inversión de vida* que intenta justificar tu presente y te mantiene enlazado al sufrimiento que aúna a los humanos en su karma global. Debes tener el valor de los que apuestan por el Amor y por ellos mismos aun sabiendo que no existen garantías; el coraje, la consciencia y la coherencia de los que dejan de cargar con su pasado, de los que se desprenden de las posibles identificaciones de sus egos y recuerdan que en un universo de posibilidades infinitas tienen la opción de elegir, y eligen sin obsesión conocerse, aceptarse, amarse y disfrutar la felicidad.

Deja de proyectarte en utopías que solo sirven para escapar del presente sin sacarle partido. Y deja de vivirte como el centro de un universo caótico, incomprensible e injusto en el que, como víctima, estás imposibilitado para alcanzar lo que mereces. Obsérvate sin juicio. Desenrédate de tu mente hasta soltar cualquier tipo de presión y obsesión y entrégate por completo, con todo lo que eres; así estarás preparado para recibir todo lo mejor sin pudor.

Comprende que lo que has vivido, lo que has visto y lo que te han contado son solo alternativas dentro de la multiplicidad y que está en tu mano, ya que es tu derecho y tu responsabilidad, volver al Amor y regar con él cada aspecto de tu vida. Insisto: hacerlo es más sencillo de lo que nuestra mente nos cuenta cuando se expresa como la tirana de nuestro devenir.

Si quieres, prueba a cambiar tu enfoque diario. Para hacer este potente ejercicio primero tendrás que practicar la atención y la honestidad, si quieres obtener resultados. Partamos de la base de que ya las practicas. Deja de centrarte en lo que crees que te falta y de quejarte y padecer por ello. Deja también de actualizar mental y emocionalmente tu pasado y de obligarte a crear objetivos futuros. Detente en tu presente y disfruta todo lo que puedas de lo que ya lo está llenando. Revisa honestamente si falta algo. Imaginemos que consideras que sí, que aún te falta algo; por ejemplo, una pareja. Deberás obviar esta carencia y vivir como si ya tuvieras al lado lo que crees que te falta, es decir, a esa persona que sumaría felicidad a tu vida. No se trata de dar rienda suelta a la imaginación y empezar a inventar todo lo que harías con tu «pareja imaginaria»; todo lo contrario. Silencia tu mente y comienza a sentir cómo estarías si esa fuera tu realidad presente. Vive cada instante desde ese sentir y suelta. Solo así activarás tus capacidades alquímicas y transformarás tu realidad.

Para este ejercicio te pondré como ejemplo el dinero; tal vez así te resulte más sencillo entenderlo y llevarlo a cabo. Suponiendo que lo que te faltase fuera más dinero, el ejercicio no consistiría en ningún caso en fantasear con todo lo que comprarías y harías si lo tuvieras, ya que eso solo te apartaría más de tu presente y aumentaría tu ansiedad y tu frustración, mientras te alejaría de las herramientas de las que dispones para incrementar tu abundancia. Lo que propongo, porque sé que funciona, es que acalles tu mente y te concentres enteramente en el sentir. ¿Cómo te sentirías si ya dispusieras —para siempre— de ese dinero que crees que te falta? Si consigues entrar en ese espacio del sentir descubrirás que lo que hay ¡es paz!, la paz que nace de la no necesidad. Pues bien, ahora debes vivir cada instante y cada circunstancia desde esa paz. Donde reina la paz no hay lugar para la preocupación, para la ansiedad, la impaciencia o cualquier otra energía estranguladora y estresante.

La magia de este poderosísimo ejercicio consiste en que, por un lado, te permite darte cuenta de que ya tienes todo lo que necesitas: a ti; por otro, te muestra que teniéndote a ti, desde un enfoque adecuado y pacificador, puedes alcanzar todo lo demás, aunque ya no sea tan importante hacerlo.

Esta es una de la herramientas más sorprendentes que conozco y solo requiere de tu consciencia y de tu compromiso contigo mismo para funcionar. Cuando logras vivirte desde la paz, la plenitud y el Amor, todo lo demás es una hermosa decoración que viene sola, sin presión.

Lo único que te impide vivir la plenitud que mereces es la percepción que tienes de ti y de tu historia y tu apego a ella. Atrévete a soltar esa percepción basada en la memoria de ti y de tus circunstancias, pues es la que te lleva a repetir tus conflictos. ¿Qué podrías perder? Recuerda que naciste sin la carga de creencias y emocionalidad que ahora sientes como un peso o como un impedimento. Y piensa, sobre todo, que puedes renunciar a seguir cargando esas etiquetas y emociones que no son tú.

Finalmente, tengas o no pareja, recuerda siempre que lo que nos vamos a llevar con nosotros el día que nuestro cuerpo muera es lo que hayamos amado. Por lo tanto, siente gratitud por todas las personas a las que amas, incluyéndote a ti. Y elige quedarte solo con aquellas que te correspondan; libérate de las demás. No te conformes con sucedáneos que hagan temblar los cimientos que sustentan tu amor por ti. No compres miedo, apego y chantajes como si fueran una forma de amor. No hagas responsables a los demás de tu felicidad, pero tampoco te contentes con quien la desluzca. Y sobre todo, recuerda que no estamos aquí para luchar ni para demostrar nada; estamos aquí para brillar sin límites ni vergüenza. Hemos nacido para reinstaurar el Amor, y para ello disponemos de nuestro corazón y de todas las herramientas que en él aguardan nuestro permiso para ser activadas. Deja de abandonarte, deja de juzgar, deja de buscar, deja de esperar, y comienza a Amar.

REFLEXIONA

- ¿Qué importancia le das al hecho de tener pareja? ¿Para ti es más importante tener pareja que amar?

- ¿Qué energía mueves cuando buscas pareja?
- ¿Tu necesidad es más grande que tu Amor por ti?

JUEGA

SIEMPRE

Sé consciente siempre de quién eres y de lo que ya hay en tu vida. Disfruta y siéntete agradecido.

ANTES DE TERMINAR

RECUERDA

- Desde la necesidad solamente vas a atraer reflejos de tus propias carencias; ni te vas a amar ni te vas a dejar amar.

- Lo único que te impide vivir la plenitud que mereces es la percepción que tienes de ti, tu falta de fe y el apego a tu pasado.

- Cuando regresas a ti, cuando te descubres, cuando te abrazas y llenas tus días de la manifestación de tu esencia, puedes lograr todo lo que desees, aunque en este estado de plenitud se desvanecen las necesidades.

ALQUIMIA

Llega cuando dejamos de buscar. Vivir anhelando nos hace creer que estamos incompletos.

Llega cuando vivimos desde la paz que proporciona la ausencia de necesidad.

Otro título de
Virginia Blanes

AMAR SIN SUFRIR
El libro de los hijos

Amar sin sufrir aborda los obstáculos y las inercias personales y familiares que se repiten generación tras generación y, a la vez que ilumina nuestras heridas emocionales más antiguas, nos ayuda a liberarnos de la tendencia o la necesidad de juzgar sus causas.

Desde las primeras páginas, Virginia Blanes nos recuerda que amar no debería ser, en ningún caso, sinónimo de sufrimiento, y capítulo a capítulo nos ofrece la oportunidad de comprender y de sanar. Solo así podremos recobrar este permiso para ser que nos fue negado en nuestra infancia.

Gaia ediciones

RESILIENTE
Cómo desarrollar un inquebrantable núcleo de calma, fuerza y felicidad
RICK HANSON CON FORREST HANSON

Una poderosa combinación de neurociencia, mindfulness y psicología positiva que nos enseña a afrontar la adversidad sin estrés, a aprovechar las oportunidades con confianza y a mantenernos calmados y centrados en todo momento. 12 claves para superar las dificultades de la vida.

EL REFLEJO DE NUESTRAS EMOCIONES
La descodificación de los sentimientos a través del cine
ÁNGELES WOLDER HELLING

El reflejo de nuestras emociones te propone conocer la Descodificación Biológica de tus sentimientos a través de más de 200 películas en las que podrás ver reflejada tu propia historia y descubrir así cuál es el conflicto que ha modelado tu camino de vida.

ESTE DOLOR NO ES MÍO
Identifica y resuelve los traumas familiares heredados
MARK WOLYNN

Mark Wolynn, fundador y director del Instituto de Constelaciones Familiares (FCI) y pionero en el estudio de los traumas familiares heredados, presenta en *Este dolor no es mío* un enfoque transformador que permite resolver problemas crónicos que no han podido ser aliviados mediante la terapia tradicional, los medicamentos u otras medidas.

Para más información
sobre otros títulos de
GAIA EDICIONES

visita
www.alfaomega.es
Email: alfaomega@alfaomega.es
Tel.: 91 614 53 46